OSINT et ses sous-domaines :

Introduction

Code ISBN : 9798865438793

Introduction

Nous vivons à une époque où l'information est aussi précieuse que l'or, et parfois même plus dangereuse. Dans un monde hyperconnecté, la capacité de recueillir, d'analyser et d'interpréter des données est devenue une compétence cruciale dans presque tous les domaines imaginables, de la sécurité nationale à la gestion des entreprises, en passant par la prise de décisions personnelles. Cependant, dans cette vaste mer d'informations, comment pouvons-nous séparer le bon grain de l'ivraie ? Comment pouvons-nous utiliser ces données de manière éthique et efficace ?

C'est ici que le concept de "Renseignement" entre en jeu. Plus particulièrement, le monde a vu l'émergence et l'adoption rapide de différentes formes de renseignements dîtes «OSINT » pour « Open Source INTelligence » traduit par « Renseignement en sources ouvertes » ou "INTs", souvent classées par leur méthode de collecte et leur application spécifique. Pourtant, bien que de nombreux ouvrages existent sur chacune de ces formes de renseignements, rares sont ceux qui les unissent sous un même toit pour offrir une vue à 360 degrés de ce paysage complexe et en constante évolution.

Ce livre vise à combler cette lacune. Il est conçu comme un guide complet pour toute personne cherchant à comprendre les multiples facettes du renseignement à l'ère numérique. Que vous soyez un professionnel de la sécurité, un décideur politique, un chercheur, un étudiant ou tout simplement un citoyen conscient de l'importance de naviguer habilement dans le monde numérique, ce livre est pour vous.

Nous explorerons en détail les domaines suivants :

SOCMINT (Social Media Intelligence): Renseignement par les réseaux sociaux.

GEOINT (Geospatial Intelligence): Renseignement via la géolocalisation.

LEAKINT (Leak Intelligence): Renseignement via data leaks et le Dark Web.

ARCHINT (Archival Intelligence): Utilisation d'archives Web comme Wayback Machine.

MASINT (Measurement and signature intelligence) : désigne l'utilisation et l'analyse des informations issues de tout type de capteur.

SIGINT (Signal Intelligence): Renseignement lié aux signaux électromagnétiques. Qui englobe :

ELINT (Electronic Intelligence): Interception et analyse de signaux électromagnétiques non-communicationnels.

COMINT (Communications Intelligence): Renseignement tiré de l'interception de communications.

HUMINT (Human Intelligence): Renseignement collecté via des contacts humains.

IMINT (Imagery Intelligence): Analyse d'images et de vidéos.

FININT (Financial Intelligence): Renseignement basé sur l'analyse de transactions financières.

TECHINT: Renseignement lié aux techniques d'analyse des armes et des équipements.

MEDINT (Medical intelligence) : analyse de dossiers médicaux et/ou examens physiologiques réels pour déterminer l'état de santé et/ou affections particulières et conditions allergiques à prendre en considération.

CYBINT (Cyber Intelligence): Renseignement lié à la cybersécurité.

À travers ces chapitres, nous nous immergerons dans chaque domaine, en mettant en lumière leurs spécificités, leurs méthodes et, surtout, leur importance croissante dans notre monde interconnecté.

Il est à noter que cet ouvrage ne parle pas de l'outil **Maltego**, bien connu dans le domaine de l'analyse de renseignements en sources ouvertes. Cette omission est délibérée et s'inscrit dans une démarche pédagogique précise. L'objectif de ce livre est de fournir une fondation solide sur les principes de base du renseignement en sources ouvertes (en abordant aussi "brièvement" des sources "non ouvertes"), permettant à n'importe quel lecteur, qu'il soit novice ou expérimenté, de comprendre les enjeux et les méthodologies centrales de ce domaine. Intégrer une discussion sur un outil aussi spécifique et avancé que Maltego aurait dévié de cette approche centrée sur les fondamentaux. Et pour couronner le tout, ce livre aurait frolé les 1.000 pages.

Chapitre 1 : SOCMINT

Dans ce chapitre nous allons voir le SOCMINT (Social Media Intelligence) renseignement par les réseaux sociaux.

Introduction

À l'ère du numérique, les réseaux sociaux sont devenus bien plus qu'un simple espace pour partager des photos de vacances ou des opinions politiques. Ils constituent une mine d'informations inestimable, exploitée tant par les entreprises pour des études de marché que par les agences de renseignement pour surveiller des activités potentiellement dangereuses. Le SOCMINT, ou "Social Media Intelligence", se réfère précisément à l'art et à la science de collecter et d'analyser ces données disponibles sur les réseaux sociaux. Ce domaine est en rapide évolution, doté de méthodologies et d'outils sophistiqués permettant de tirer des conclusions précises à partir de données apparemment banales. Dans ce chapitre, nous plongerons dans les mécanismes, les enjeux et les techniques de ce type de renseignement qui, pour beaucoup, demeure encore un mystère.

I. Les Plateformes Sociales comme Sources de Renseignements

Facebook

Facebook demeure l'une des plus grandes plateformes de médias sociaux, avec des milliards d'utilisateurs actifs chaque mois. Il offre un large éventail d'informations allant des données démographiques aux préférences personnelles, en passant par les groupes et événements auxquels les utilisateurs sont affiliés. Toutefois, la plateforme a considérablement renforcé ses paramètres de confidentialité au fil des ans, rendant certaines données moins accessibles.

Utilité spécifique: Identification de la famille, des amis et des affiliations à des groupes ou événements.

Twitter

Twitter est une plateforme qui mise sur l'actualité et les discussions en temps réel. Elle est particulièrement utile pour suivre les tendances du moment et les opinions publiques. Les métadonnées associées aux tweets peuvent également fournir des informations géographiques, bien que ces données soient souvent désactivées par les utilisateurs. Le principal inconvénient de Twitter réside dans la limitation du nombre de caractères, ce qui peut réduire le contexte disponible pour l'analyse.

Utilité spécifique: Suivi des opinions publiques, identification de figures d'autorité ou d'activistes.

Instagram

Instagram, axé sur le partage de photos et vidéos, est une mine d'or pour l'analyse d'images. La plateforme est particulièrement populaire parmi les jeunes adultes, ce qui peut la rendre utile pour des études démographiques spécifiques. Cependant, le manque de texte substantiel et le fort usage de filtres et modifications peuvent parfois altérer la qualité des données recueillies.

Utilité spécifique: Analyse comportementale, identification des lieux fréquentés et des cercles d'amis.

LinkedIn est unique en son genre car il est entièrement axé sur le monde professionnel. Cette plateforme est inestimable pour recueillir des informations sur les entreprises, les industries et les mouvements de carrière des individus. Par contre, les données sont souvent soigneusement choisies pour présenter une image professionnelle, ce qui peut limiter leur utilité pour des analyses plus larges.

Utilité spécifique: Informations sur le parcours professionnel, identification des collègues et contacts professionnels.

Chaque plateforme de médias sociaux présente ses propres particularités et limites en termes de type de données, d'accessibilité et de fiabilité. En tant que praticien du SOCMINT, il est crucial de comprendre ces nuances pour optimiser la collecte et l'analyse des données disponibles.

La méthodologie de collecte de données en SOCMINT est cruciale pour toute enquête réussie. Ce paragraphe détaille les différents outils et techniques que vous pouvez utiliser pour collecter efficacement des informations à partir de plateformes sociales, ainsi que les aspects éthiques et légaux à considérer.

A. Outils et Techniques pour la Collecte de Données

Scrapers Web et API

Les scrapers et les API peuvent extraire des données en vrac directement des plateformes sociales. Ceux-ci sont particulièrement utiles pour collecter des informations de manière systématique et organisée. Voici quelques exemples d'outils :

1. **Beautiful Soup**

   - Un package Python pour extraire des données HTML et XML de sites web. Il est souvent utilisé en combinaison avec des librairies comme Requests pour scraper des données de sites sociaux.

2. **Scrapy**

   - Un framework de scraping en Python qui offre tout un éventail de fonctionnalités pour extraire les données des sites web, y compris des sites sociaux.

3. **Tweepy**

   - Une bibliothèque Python pour accéder à l'API de Twitter. Elle permet de récupérer des tweets, des mentions, des hashtags et d'autres données liées à Twitter.

4. **Facebook Graph API**

   - Une API qui permet d'accéder à une grande variété de données sur Facebook, notamment les publications, les commentaires et les profils des utilisateurs.

5. **Selenium**

   - Un outil pour automatiser les navigateurs. Bien qu'il soit souvent utilisé pour le test de logiciels, il est également puissant pour le scraping de données dans des situations où les données ne sont pas facilement accessibles (par exemple, chargement différé via JavaScript).

6. **Octoparse**

   - Un outil de scraping visuel qui permet d'extraire des données sans écrire de code. Il peut également gérer des tâches complexes comme la pagination, le scrolling infini, etc.

7. **Instagram Private API**

   - Une API non officielle pour Instagram qui peut être utilisée pour accéder à des données qui ne sont pas normalement accessibles via l'API officielle.

Recherche Avancée

Utilisez les fonctions de recherche avancée disponibles sur les plateformes sociales pour filtrer les informations par critères comme la date, le lieu ou d'autres paramètres spécifiques. Voici quelques exemples de recherches avancées sur les différents réseaux :

1. **Twitter**

   - Utilisez des opérateurs de recherche comme "from:" pour filtrer les tweets d'un utilisateur spécifique, ou "since:" et "until:" pour spécifier une période de temps. Vous pouvez également utiliser des hashtags ou des mots-clés pour cibler une recherche sur un sujet particulier.

2. **Facebook**

   - La barre de recherche de Facebook permet de filtrer par catégories telles que "Personnes", "Groupes", "Lieux", etc. Cela peut être utile pour trouver des associations ou des communautés liées à une personne ou un sujet d'intérêt.

3. **LinkedIn**

   - Utilisez les filtres pour restreindre les résultats par lieu, entreprise, école, et même par compétences ou intérêts. Cela peut vous aider à trouver des relations professionnelles ou académiques d'une personne.

4. **Instagram**

   - Bien qu'Instagram ne dispose pas d'options de recherche avancée sur la plateforme elle-même, elle permet de lancer des recherches comme la géolocalisation ou les hashtags pour trouver des publications spécifiques.

5. **Reddit**

   - Reddit propose des filtres tels que "nouveaux posts",

"controversés", "chauds", et "en hausse" qui peuvent aider à identifier les tendances ou les sujets qui gagnent en popularité.

6. **Google**

- Ne négligez pas le moteur de recherche Google pour son option "Recherche avancée". Il permet de restreindre les recherches à un site web spécifique, une période de temps, ou même un format de fichier (comme les PDFs), ce qui peut être utile pour la recherche d'informations publiées sur des plateformes sociales. Quant à la barre de recherche initiale de Google, voici comment vous pouvez en décupler ses effets :

1. site:

   - Utilisé pour limiter la recherche à un site web spécifique.

   Exemple : `site:linkedin.com "John Doe"`

2. intitle:

   - Recherche les mots spécifiques dans le titre des pages.

   Exemple : `intitle:"cybersecurity report"`

3. inurl:

   - Recherche les mots spécifiques dans l'URL des pages.

   Exemple : `inurl:profile "John Doe"`

4. intext:

- Recherche les mots spécifiques dans le texte des pages.

Exemple : `intext:"email contact"`

5. filetype:

- Recherche un type de fichier spécifique.

Exemple : `filetype:pdf "cybersecurity"`

6. related:

- Trouve des sites web similaires à un site web donné.

Exemple : `related:amazon.com`

7. info:

- Obtient des informations sur une URL spécifique.

Exemple : `info:linkedin.com`

8. cache:

- Montre la version en cache d'un site web spécifique.

Exemple : `cache:linkedin.com`

9. stock:

- Pour rechercher des informations sur les actions d'une entreprise spécifique.

   Exemple : `stock:apple`

10. define:

   - Recherche la définition d'un mot.

   Exemple : `define:cybersecurity`

11. movie:

   - Recherche des informations sur un film spécifique.

   Exemple : `movie:Inception`

12. map:

   - Recherche des cartes liées à un emplacement spécifique.

   Exemple : `map:Paris`

13. book:

   - Recherche des livres liés à un mot-clé ou un auteur spécifique.

   Exemple : `book:"George Orwell"`

14. phonebook:

   - Recherche dans l'annuaire téléphonique public.

Exemple : `phonebook:"John Doe"`

15. area code:

   - Recherche des informations sur un indicatif régional.

   Exemple : `area code:415`

16. weather:

   - Recherche les conditions météorologiques d'un lieu spécifique.

   Exemple : `weather:Paris`

Ces opérateurs peuvent être combinés pour effectuer des recherches encore plus ciblées. Par exemple :

`site:linkedin.com intext:"cybersecurity expert" filetype:pdf`

vous donnera des résultats très spécifiques. Ils sont extrêmement utiles pour des enquêtes SOCMINT plus approfondies.

Ces fonctions de recherche avancée peuvent être extrêmement utiles pour raffiner vos enquêtes et trouver des informations plus ciblées.

Sherlock

Sherlock est un outil qui permet de trouver des profils sur plusieurs réseaux sociaux à partir d'un unique nom d'utilisateur. Il est souvent utilisé pour identifier les différentes plateformes où une personne est active. Voici quelques exemples de la manière dont vous pourriez utiliser Sherlock dans vos enquêtes :

Recherche Simple :

sherlock nom_d_utilisateur

Cette commande basique recherchera le nom d'utilisateur sur plusieurs centaines de plateformes de médias sociaux et vous fournira des liens vers les profils trouvés.

Recherche sur des Plateformes Spécifiques :

sherlock nom_d_utilisateur --site LinkedIn Twitter

Avec cette commande, Sherlock se concentrera uniquement sur LinkedIn et Twitter.

Recherche avec des Threads :

sherlock nom_d_utilisateur --threads 50

Cette option permet à Sherlock d'exécuter 50 threads en parallèle pour accélérer le processus de recherche.

Stockage des Résultats :

sherlock nom_d_utilisateur --json

Cette commande sauvegardera les résultats au format JSON, ce qui peut être pratique pour l'analyse ultérieure des données.

Filtrage des Résultats :

sherlock nom_d_utilisateur --rank

Utilisez cette option pour ordonner les résultats par popularité du site Web, ce qui peut être utile pour concentrer vos efforts sur les plateformes les plus populaires.

Recherche en utilisant un Proxy :

sherlock nom_d_utilisateur --proxy http://127.0.0.1:8080

Utilisez cette option si vous souhaitez passer par un proxy pour effectuer la recherche.

Recherche avec un Timeout :

sherlock nom_d_utilisateur --timeout 10

Utilisez cette option pour définir un délai maximal pour chaque recherche sur une plateforme.

Ces options peuvent être combinées selon vos besoins pour une enquête SOCMINT plus efficace et plus ciblée.

Maigret

Similaire à Sherlock, Maigret fournit un moyen de collecter des informations sur une cible à travers plusieurs sites Web et forums en ligne, en plus des plateformes sociales.

B. L'Éthique et la Légalité de la Collecte de Données

Respect des Lois et Règlements

Le respect des lois sur la protection des données est essentiel. Assurez-vous de vous conformer aux réglementations en vigueur, telles que le RGPD en Europe.

Considérations Éthiques

Au-delà des obligations légales, les questions éthiques liées à la vie privée et au consentement doivent être prises en compte.

Transparence et Responsabilité

La collecte de données doit être effectuée de manière transparente, et il est important de pouvoir justifier les méthodes et les intentions derrière toute collecte de données.

Avec ces éléments en main, vous serez mieux préparé à mener une enquête SOCMINT de manière à la fois efficace et responsable.

III. Cas Pratiques et Études de Cas

Exemples concrets d'utilisation du SOCMINT

1. Localisation de criminels:

Dans plusieurs affaires, la police a pu localiser des criminels en fuite en analysant les données de leurs médias sociaux. Des photos postées en ligne, souvent géolocalisées, ont parfois permis de retrouver leur emplacement exact.

2. Surveillance de manifestations :

Les forces de l'ordre utilisent souvent le SOCMINT pour surveiller en temps réel les manifestations. Ils suivent des hashtags ou des mots-clés spécifiques pour anticiper les mouvements de foule et les éventuels débordements.

3. Lutte contre la cybercriminalité :

Les enquêteurs utilisent des outils de SOCMINT pour infiltrer des forums et des groupes de chat où se vendent des données volées, des armes ou des drogues. (un chapitre est consacré au LeakInt)

4. Recrutement et enquêtes professionnelles:

Les employeurs utilisent également le SOCMINT pour examiner les profils des candidats avant l'embauche, tandis que certaines entreprises spécialisées proposent des services de "due diligence" basés sur l'analyse des médias sociaux.

5. Les études de solvabilités :

Les banques utilisent les réseaux sociaux pour étudier la solvabilité de leurs clients.

6. La traque des faux arrêts maladies :

Les réseaux sociaux sont utilisés pour traquer les faux arrêts maladies. Quand une personne est en arrêt et est supposée être chez elle et qu'elle publie un post ou elle se vante de faire les magasins, c'est ce qui permet de démasquer la fraude (entre autre).

SOCMINT de cas sur des situations spécifiques

1.Le Printemps Arabe

Durant le Printemps Arabe, le SOCMINT a été largement utilisé pour comprendre les dynamiques des mouvements de protestation. Les analystes ont suivi des hashtags populaires et analysé les graphes de réseaux sociaux pour identifier les acteurs clés et les motifs de la protestation.

2. Affaire Snowden

Dans cette affaire hautement médiatisée, le SOCMINT a été utilisé pour analyser l'opinion publique et les discussions en ligne autour des révélations d'Edward Snowden concernant la NSA.

3. COVID-19

Durant la pandémie, le SOCMINT a été utilisé pour suivre la désinformation et les théories du complot. Les autorités sanitaires ont utilisé ces données pour diriger leurs campagnes d'information.

4. Élections

Pendant les périodes électorales, le SOCMINT est utilisé pour suivre l'opinion publique, détecter d'éventuelles campagnes de désinformation et comprendre les dynamiques des électeurs.

IV. Analyse et Interprétation

Il est crucial de choisir la bonne méthode et les bons outils pour répondre efficacement à votre question de recherche ou à votre objectif d'investigation.

Méthodes pour analyser les données collectées

1. Analyse Quantitative :

Consiste à comptabiliser les mentions, les hashtags, les likes, les partages, etc., pour évaluer le niveau d'engagement ou d'activité autour d'un sujet ou d'un individu. Des outils comme Google Analytics ou Hootsuite peuvent être utilisés pour ce type d'analyse.

2. Analyse Qualitative :

Cette méthode consiste à examiner le contenu même des publications, commentaires, et discussions pour en tirer des conclusions sur l'état d'esprit, les opinions, ou les intentions des personnes. Des outils comme NVivo peuvent être utiles pour cette analyse.

3. Analyse Réseau :

Permet d'étudier les relations entre les différents acteurs impliqués, en utilisant des graphes pour visualiser des connexions et des groupes. Gephi est un outil populaire pour ce genre d'analyse.

4. Analyse Temporelle :

Cette méthode s'intéresse à l'évolution du comportement et des discussions en ligne au fil du temps, permettant de détecter des changements d'opinion ou des tendances.

5. Analyse de Sentiments :

Des outils comme TextBlob ou NLTK (pour ceux à l'aise avec Python) permettent d'analyser le ton des discussions en ligne, qu'il soit positif, négatif, ou neutre.

6. Outils de Veille :

Des outils comme Mention ou Google Alerts peuvent vous aider à surveiller en temps réel les discussions autour de mots-clés spécifiques, vous permettant ainsi d'agir rapidement en cas de besoin.

7. Outils de Visualisation de Données :

Utilisez des outils comme Tableau ou Datawrapper pour créer des représentations visuelles de vos données, facilitant ainsi leur interprétation.

V. Risques et Défis

Cette section vise à sensibiliser sur les différents risques et défis associés à la pratique du SOCMINT. Une approche équilibrée, respectueuse et éthique est primordiale pour naviguer dans ce paysage complexe.

Les enjeux liés à la vie privée et à la sécurité des données

1. Vie Privée :

La collecte de données sur les réseaux sociaux peut rapidement empiéter sur la vie privée des individus, surtout si ces données sont mal utilisées ou stockées sans protection adéquate. Le respect des législations locales et internationales comme le RGPD en Europe est crucial.

2. Sécurité des Données :

Les données collectées sont souvent sensibles et nécessitent un stockage sécurisé pour éviter tout risque de fuite ou de piratage. Des protocoles de chiffrement et des mesures d'authentification sont indispensables.

Les défis techniques et éthiques

1. Techniques :

- Rate Limiting : La plupart des plateformes ont des restrictions sur le nombre de requêtes pouvant être effectuées dans un laps de temps donné.

- Anti-Scraping Measures : Les plateformes utilisent de plus en plus des mesures anti-robots pour empêcher la collecte automatique de données.

2. Éthiques :

- Transparence et Accountability : Il est important d'être transparent sur les méthodes de collecte et d'analyse, et d'être prêt à répondre de ses actions.

- Sélectivité des Données: Le choix des données à collecter et à

51

analyser doit être fait avec soin pour éviter des biais ou des conclusions erronées.

3. Juridiques :

- Législation en constante évolution : Les lois sur la protection des données et la cybersécurité évoluent rapidement, ce qui peut affecter la légalité des méthodes de collecte et d'analyse.

VI. Perspectives Futures

Évolution probable du SOCMINT

1. Intégration Multi-Plateformes :

Avec l'émergence de nouvelles plateformes et l'évolution des existantes, le SOCMINT devra s'adapter à une gamme toujours plus large de sources de données.

2. Réglementations plus Strictes :

La collecte et l'analyse de données sur les réseaux sociaux sont susceptibles d'être de plus en plus réglementées, ce qui nécessitera des ajustements dans les méthodologies.

3. Analyse en Temps Réel :

La capacité à analyser les données en temps réel deviendra probablement un atout majeur, permettant des interventions plus rapides et plus efficaces.

1. Intelligence Artificielle :

Les algorithmes d'IA sont de plus en plus utilisés pour analyser de grands ensembles de données, y compris le texte, les images et les vidéos.

2. Blockchain :

Bien que principalement associée aux cryptomonnaies, la technologie blockchain pourrait jouer un rôle dans la sécurisation des données collectées et dans la traçabilité des analyses.

3. Réalité Augmentée et Virtuelle :

Ces technologies pourraient enrichir l'analyse du SOCMINT en fournissant des environnements interactifs pour visualiser des données ou simuler des situations basées sur des données collectées.

L'avenir du SOCMINT est incontestablement lié à l'évolution technologique et à l'adaptation aux changements sociaux et législatifs. La prise en compte de ces éléments sera cruciale pour tout professionnel du domaine.

Conclusion

Résumé des Points Clés

Au cours de ce chapitre, nous avons exploré l'univers du SOCMINT, une discipline du renseignement qui tire parti des informations disponibles sur les plateformes sociales. Nous avons discuté des différentes plateformes et de ce qu'elles peuvent offrir en termes de collecte de données. De plus, nous avons abordé la méthodologie, les outils et les techniques pour effectuer une collecte de données efficace et éthique. Les défis et risques associés, notamment en matière de vie privée et de réglementation, ont également été examinés. Enfin, nous avons jeté un œil sur l'avenir du SOCMINT, notamment en ce qui concerne les technologies émergentes.

Importance Continue du SOCMINT dans le Domaine du Renseignement

Le SOCMINT est plus qu'un simple ajout au portefeuille du renseignement; il est devenu un élément clé dans la compréhension du paysage social, politique et économique. À l'ère du numérique, où les individus et les organisations partagent librement des informations, le SOCMINT offre une opportunité sans précédent de recueillir des renseignements de manière non intrusive. Cependant, cette puissance vient avec sa propre série de défis éthiques et techniques qui devront être surmontés.

Le SOCMINT est destiné à devenir encore plus intégré et sophistiqué, s'appuyant sur des technologies de pointe telles que l'IA et le machine learning. Dans un monde de plus en plus connecté et complexe, son rôle dans le renseignement ne peut qu'augmenter. Il est donc impératif pour les professionnels du domaine de rester à jour avec les dernières méthodes et technologies, tout en naviguant prudemment dans le paysage éthique et légal.

En somme, le SOCMINT n'est pas seulement une tendance passagère, mais une discipline qui s'inscrit dans la continuité du domaine du renseignement, avec une importance et une pertinence croissantes.

Chapitre 2 : GEOINT

Dans ce chapitre nous allons voir le GEOINT (Geospatial Intelligence): Renseignement via la géolocalisation.

Introduction

Les données géospatiales ont toujours été un pilier du renseignement, mais jamais elles n'ont été aussi accessibles et exploitables qu'aujourd'hui. Le GEOINT, ou "Geospatial Intelligence," est l'exploitation stratégique de données géolocalisées à des fins de renseignement. Cette discipline utilise une gamme de technologies, allant des satellites aux applications mobiles, pour recueillir des données sur des emplacements, des mouvements et même des comportements. Une source surprenante mais précieuse de ces données provient des métadonnées des photos numériques, qui peuvent souvent inclure des coordonnées GPS exactes. Dans un monde où chaque smartphone est un potentiel émetteur de données géolocalisées, et où chaque photo postée peut révéler une mine d'informations, comprendre le GEOINT n'est pas seulement utile, c'est essentiel. Ce chapitre vous fera découvrir les différentes méthodes de collecte, d'analyse et d'application de ces données, ainsi que les enjeux éthiques et sécuritaires liés à leur utilisation.

I. Sources de Données Géospatiales

Cette section vous donnera un aperçu des différentes sources de données géospatiales que l'on peut exploiter dans le cadre du GEOINT.

Satellites et imagerie aérienne

L'ère des satellites a transformé notre manière de voir et de comprendre le monde. Les satellites peuvent fournir des images en haute résolution de n'importe quel point de la Terre, ce qui est inestimable pour la surveillance et l'analyse. Des programmes comme Google Earth aux satellites d'observation militaires, ces technologies fournissent une quantité massive de données qui peuvent être exploitées pour diverses applications du GEOINT.

Ce que l'on peut récupérer :

- Imagerie en haute résolution pour l'analyse de terrains et structures.

- Surveillance de mouvements de troupes ou de populations.

- Suivi de changements environnementaux.

Capteurs terrestres et applications mobiles

Les capteurs terrestres, tels que les stations météo, les sismographes et même les smartphones, peuvent collecter des données géospatiales en temps réel. Les applications mobiles qui utilisent le GPS peuvent également fournir une richesse d'informations sur les déplacements et comportements des individus.

Ce que l'on peut récupérer :

- Données en temps réel sur la météo et les conditions environnementales.

- Suivi des déplacements individuels via des applications mobiles.

- Mesures sismiques pour évaluer des tremblements de terre.

Photos numériques et métadonnées

Chaque photo prise avec un appareil numérique ou un smartphone contient un ensemble de métadonnées, souvent incluant les coordonnées GPS. Ces données peuvent être extraites et analysées pour obtenir des informations géospatiales précises sur l'emplacement où la photo a été prise.

Ce que l'on peut récupérer :

- Coordonnées GPS exactes d'un lieu ou d'un événement.

- Informations temporelles pour l'analyse de séquences d'événements.

- Indicateurs sur les conditions environnementales au moment de la prise de la photo.

Cartes et modèles géospatiaux

Les cartes ont toujours été une source fondamentale de données géospatiales. Avec l'avènement de la technologie numérique, ces cartes ont évolué en modèles géospatiaux complexes qui peuvent

61

intégrer des données de multiples sources. Ces modèles peuvent être utilisés pour des simulations, des prédictions, et diverses autres formes d'analyse.

Ce que l'on peut récupérer :

- Modèles 3D de terrains ou de structures pour des simulations.

- Cartes thématiques intégrant divers types de données.

- Prédictions basées sur des modèles historiques ou actuels.

II. Méthodologie de Collecte de Données

Cette section vous donne les outils nécessaires pour collecter efficacement des données géospatiales et les préparer pour une analyse approfondie. Les méthodologies présentées sont essentielles pour qui souhaite exploiter au mieux les ressources du GEOINT.

Outils et logiciels pour la collecte de données géospatiales

L'efficacité de la collecte de données géospatiales dépend largement des outils et logiciels utilisés. Des solutions comme ArcGIS, QGIS ou même des outils spécialisés comme ENVI pour l'analyse d'images satellitaires, sont des choix populaires dans ce domaine.

Ce que l'on peut récupérer :

- Visualisation cartographique avancée pour l'analyse.

- Importation et manipulation de jeux de données volumineux.

- Conversion de formats de données pour une interopérabilité.

Techniques d'analyse d'image et de cartographie

Une fois les données collectées, des techniques d'analyse d'image et de cartographie entrent en jeu. Cela peut impliquer des techniques de reconnaissance de motifs, des calculs de distance et d'échelle, ou même de l'analyse spectrale pour évaluer la composition du sol ou de l'eau.

Ce que l'on peut récupérer :

- Identification de caractéristiques géographiques ou artificielles spécifiques.

- Mesures précises des distances et des zones.

- Analyses environnementales, comme la qualité du sol ou de l'eau.

Fusion de données et multi-sources

La force du GEOINT réside souvent dans sa capacité à fusionner des données provenant de multiples sources. En combinant des images satellites, des données de capteurs au sol, des métadonnées de photos et des modèles géospatiaux, il est possible d'obtenir une image beaucoup plus complète et nuancée de la situation étudiée.

Ce que l'on peut récupérer :

63

- Analyses multi-facettes en combinant divers types de données.

- Meilleure compréhension des événements ou des conditions grâce à une vue à 360 degrés.

- Validation croisée des informations pour une plus grande fiabilité.

III. Applications du GEOINT

Le GEOINT a des applications qui s'étendent bien au-delà du domaine militaire ou gouvernemental, démontrant sa polyvalence et son importance croissante dans divers secteurs.

Sécurité nationale et défense

Le GEOINT est un élément clé des opérations de sécurité nationale et de défense. Les agences de renseignement et les forces armées utilisent des données géospatiales pour la planification d'opérations, le suivi de mouvements ennemis et l'évaluation de la situation géopolitique.

Ce que l'on peut récupérer :

- Localisation de bases militaires ennemies.

- Évaluation des terrains pour des manœuvres militaires.

- Surveillance des mouvements de troupes et de matériel.

Surveillance environnementale

Les données géospatiales sont également cruciales pour la

surveillance environnementale. Elles peuvent aider à suivre les changements climatiques, à surveiller les catastrophes naturelles comme les incendies de forêt ou les inondations, et même à prévenir la déforestation illégale.

Ce que l'on peut récupérer :

- Identification de zones à risque pour des catastrophes naturelles.

- Suivi du changement de l'utilisation des terres.

- Évaluation de l'impact environnemental de certaines activités humaines.

Gestion de crise et intervention d'urgence

Le GEOINT est également précieux dans la gestion de crises et les interventions d'urgence. Que ce soit pour l'évacuation de zones sinistrées ou pour la coordination des secours, les données géospatiales permettent une action rapide et efficace.

Ce que l'on peut récupérer :

- Itinéraires optimaux pour les évacuations.

- Localisation précise des personnes en détresse.

- Évaluation des dommages pour une intervention ciblée.

Commerce et développement urbain

Enfin, le GEOINT trouve des applications dans le monde du commerce et du développement urbain. Les entreprises peuvent utiliser ces données pour choisir des sites optimaux pour des magasins, tandis que les planificateurs urbains peuvent s'appuyer sur des données géospatiales pour des décisions éclairées.

Ce que l'on peut récupérer :

- Identification de zones à fort potentiel commercial.

- Évaluation de la densité de la population pour le développement urbain.

- Planification du réseau de transport en fonction de l'analyse du terrain.

IV. Analyse et Interprétation

Méthodes d'analyse géospatiale

L'analyse géospatiale est l'épine dorsale du GEOINT. Elle permet de comprendre les données brutes et de les traduire en informations utiles. Les méthodes couramment utilisées incluent l'analyse de clusters, l'analyse de réseau et les modèles prédictifs basés sur les données géospatiales.

Ce que l'on peut récupérer :

- Identification de tendances et de schémas spatiaux.

- Évaluation des risques géospatiaux.

- Compréhension des relations entre différentes variables géographiques.

Une fois les données analysées, la prochaine étape est de les visualiser de manière efficace. Les cartes interactives, les tableaux de bord et autres outils de visualisation permettent de représenter les données d'une manière qui est facilement compréhensible et exploitable.

Ce que l'on peut récupérer :

- Cartes dynamiques pour des analyses en temps réel.

- Tableaux de bord personnalisables pour suivre des indicateurs clés.

- Visualisations de données pour des rapports et des présentations.

Pour évaluer l'efficacité des opérations basées sur le GEOINT, il est nécessaire de suivre des indicateurs clés de performance (KPI). Ces mesures peuvent inclure la précision des données, le temps de réponse aux crises et l'efficacité des mesures prises sur la base de l'analyse géospatiale.

Ce que l'on peut récupérer :

- Suivi du retour sur investissement pour les opérations liées au GEOINT.

- Évaluation de la précision et de la fiabilité des données géospatiales.

- Mesures d'impact pour les actions basées sur l'analyse

67

géospatiale.

Dans l'ensemble, l'analyse et l'interprétation sont des étapes cruciales dans le processus de GEOINT. Elles permettent non seulement de comprendre ce que signifient les données, mais aussi de les utiliser de manière à avoir un impact positif, que ce soit en termes de sécurité, d'environnement, ou de développement économique.

V. Risques et Défis

Vie privée et sécurité des données

Le potentiel du GEOINT à révéler des informations sensibles soulève des questions cruciales en matière de vie privée et de sécurité des données. Alors que les données géospatiales sont souvent collectées en masse, le risque de compromettre des informations personnelles est une préoccupation constante.

Ce que l'on doit prendre en compte :

- Consentement des individus dont les données sont collectées.

- Mesures de sécurité pour protéger les données stockées.

- Législations locales et internationales concernant la collecte de données géospatiales.

Éthique de la surveillance géospatiale

La capacité de surveiller les mouvements et les comportements des personnes et des objets à grande échelle ouvre un débat éthique sur les limites de cette surveillance. Qui a le droit de collecter ces données et dans quel but ? Quelles sont les implications pour les droits de l'homme ?

Ce que l'on doit prendre en compte :

- Justification de la collecte de données et de la surveillance.

- Transparence dans les méthodes de collecte et d'analyse.

- Respect des droits de l'homme et des libertés civiles.

Faux positifs et erreurs de données

Même les systèmes les plus sophistiqués ne sont pas à l'abri des erreurs. Les faux positifs, les données incorrectes ou obsolètes peuvent avoir des conséquences graves, notamment en matière de sécurité nationale.

Ce que l'on doit prendre en compte :

- Mécanismes de vérification des données.

- Protocoles pour la correction et la mise à jour des données.

- Formation continue pour minimiser les erreurs humaines et technologiques.

Les défis du GEOINT sont aussi vastes que son potentiel. Aborder ces questions de manière responsable est crucial pour équilibrer les avantages de cette technologie avec ses implications éthiques et sécuritaires.

VI. Exemples concrets

Dans cette section, nous fournissons quelques exemples pratiques
d'utilisation du GEOINT que vous pouvez reproduire.

Utilisation de Google Maps API en Python pour récupérer des coordonnées GPS

Via la bibliothèque googlemaps en Python, vous pouvez récupérer
les coordonnées GPS d'une adresse donnée et même tracer des
itinéraires.

```python
import googlemaps
gmaps = googlemaps.Client(key='Votre clé API')
geocode_result = gmaps.geocode(
'1600 Amphitheatre Parkway, Mountain View, CA')
```

Résultat :

```
[{'address_components': [...],
 'formatted_address': '1600 Amphitheatre Parkway,
Mountain View, CA, USA',
 'geometry': {'location': {'lat': 37.4224082,
'lng': -122.0856086}, 'location_type': 'ROOFTOP',
```

```
...}}]
```


Vous pouvez utiliser ExifTool en ligne de commande pour extraire les métadonnées d'une photo et récupérer les données GPS.

```
exiftool -gpslatitude -gpslongitude nom_photo.jpg
```

Résultat :

```
GPS Latitude        : 40 deg 42' 0.00" N
GPS Longitude       : 74 deg 0' 0.00" W
```


Avec Leaflet, vous pouvez créer des cartes interactives directement dans votre navigateur.

```
var map = L.map('map').setView([51.505, -0.09],
13);
L.tileLayer('https://{s}.tile.openstreetmap.org/{
z}/{x}/{y}.png').addTo(map);
```

Résultat :

Une carte interactive centrée sur les coordonnées [51.505, -0.09] apparaît dans votre navigateur.

QGIS est un logiciel open source qui vous permet de travailler avec des données géospatiales et d'exécuter des analyses complexes.

```
# Charger une couche de données
layer = QgsVectorLayer('path/to/data/file.shp',
'my_data', 'ogr')
```

Résultat :

La couche de données spécifiée sera chargée dans le projet QGIS, prête pour l'analyse.

VII. Perspectives Futures

Technologies Émergentes

1. Intelligence Artificielle (IA) : L'IA est en passe de révolutionner le domaine du GEOINT. Avec l'adoption croissante de l'apprentissage machine, des algorithmes plus sophistiqués pour l'analyse d'image et le traitement des données géospatiales seront développés. Cela peut aider à la détection rapide d'anomalies, à la reconnaissance

de formes géospatiales complexes et à la prédiction de mouvements ou d'événements.

2. Réalité Augmentée (RA) : La réalité augmentée peut enrichir l'analyse et la visualisation de données géospatiales. Imaginez des lunettes RA qui peuvent superposer des informations géospatiales en temps réel, fournissant ainsi un niveau d'analyse et de prise de décision immersif.

Évolution Probable du GEOINT

1. Intégration Multi-Plateforme : À mesure que de nouvelles sources de données géospatiales émergent, le besoin d'une plateforme unifiée pour la collecte, l'analyse et l'application de ces données devient crucial. On peut s'attendre à des solutions plus intégrées englobant des capteurs terrestres, des satellites, des drones et des métadonnées provenant de diverses plateformes sociales et des dispositifs IoT.

2. Analyse en Temps Réel : La vitesse à laquelle les données sont générées et collectées augmente de jour en jour. L'avenir du GEOINT réside probablement dans la capacité d'effectuer des analyses en temps réel, ce qui est crucial dans des domaines tels que la sécurité nationale et la gestion des crises.

3. Défis Éthiques et Réglementaires : À mesure que le GEOINT évolue, les questions relatives à la vie privée et à l'éthique deviendront plus pressantes. Le cadre réglementaire devra évoluer

pour équilibrer les besoins du renseignement avec les droits individuels à la vie privée.

4. Personnalisation et Démocratisation : L'évolution probable du GEOINT pourrait également être orientée vers une personnalisation accrue et une démocratisation des outils et techniques, permettant même aux utilisateurs non techniques de bénéficier de l'analyse géospatiale.

En somme, le domaine du GEOINT est en pleine effervescence et son avenir est plein de potentiel et de défis. Les technologies émergentes comme l'IA et la RA pourraient considérablement enrichir la portée et l'efficacité de l'analyse géospatiale, ouvrant la voie à de nouvelles applications et méthodologies.

Conclusion

Résumé des Points Clés

1. Sources de Données Géospatiales: Les données géospatiales proviennent de diverses sources comme les satellites, les capteurs terrestres, les applications mobiles, les photos numériques et les modèles cartographiques.

2. Méthodologie de Collecte de Données: L'utilisation d'outils et de logiciels spécifiques, ainsi que des techniques d'analyse d'image et

de cartographie, sont essentiels pour collecter et analyser efficacement les données géospatiales.

3. Applications du GEOINT: Les utilisations du GEOINT sont diverses et comprennent la sécurité nationale, la surveillance environnementale, la gestion de crise, et le développement urbain et commercial.

4. Analyse et Interprétation: La méthode d'analyse, la visualisation des données et les indicateurs clés sont cruciaux pour donner du sens aux données géospatiales collectées.

5. Risques et Défis: Les défis majeurs incluent les problématiques liées à la vie privée, à la sécurité des données et à l'éthique de la surveillance géospatiale.

6. Perspectives Futures: Les technologies émergentes comme l'IA et la réalité augmentée ouvrent la voie à de nouvelles possibilités et défis dans le domaine du GEOINT.

Importance Continue du GEOINT dans le Domaine du Renseignement

Le GEOINT reste un outil incontournable dans le domaine du renseignement. À une époque où les données sont générées à un rythme sans précédent, la capacité de recueillir, d'analyser et d'appliquer des informations géospatiales est plus critique que jamais. Que ce soit pour la sécurité nationale, la réponse aux catastrophes ou la surveillance environnementale, le GEOINT offre des perspectives et des capacités uniques qui ne peuvent être ignorées. Avec l'avènement de nouvelles technologies et méthodologies, son importance ne fera que croître dans les années à venir.

Chapitre 3 : LEAKINT

Dans ce chapitre nous allons voir le LEAKINT (Leak Intelligence): Renseignement via data leaks et le Dark Web.

Introduction

Dans le monde de l'information, les fuites de données sont à la fois une menace et une opportunité. LEAKINT, ou "Leak Intelligence," explore ce paradoxe en se concentrant sur le renseignement obtenu via des fuites de données et des ressources provenant du Dark Web. Ce domaine à haut risque mais également à fort potentiel permet d'accéder à des informations souvent inaccessibles par d'autres moyens de collecte de renseignements. Du piratage de bases de données d'entreprises à l'exfiltration d'informations sensibles, le LEAKINT offre une fenêtre vers des zones d'ombre où activités illégales et informations cruciales cohabitent. Ce chapitre vous guidera à travers les techniques de recherche et d'analyse dans cet espace numérique clandestin, tout en abordant les considérations éthiques et légales que toute exploration dans le Dark Web implique.

I. Sources de Données du LEAKINT

Avant de plonger dans les sources spécifiques, il est important de comprendre certains principes fondamentaux, comme le fonctionnement du réseau en oignon (onion routing). Ce dernier est la base du réseau Tor, qui permet d'accéder au Dark Web. L'architecture en oignon assure un anonymat en faisant transiter l'information à travers plusieurs serveurs, chacun ne connaissant que la source immédiate et la destination suivante, mais jamais l'intégralité du chemin. Cette méthode rend extrêmement difficile l'identification des utilisateurs, ce qui est particulièrement utile pour les personnes vivant dans des pays où la liberté d'expression est limitée ou surveillée. Le Dark Web devient alors un espace de liberté où les gens peuvent échanger des informations sans craindre de représailles immédiates.

Fuites de bases de données (après non-paiement d'un ransomware)

Les attaques de ransomware ne sont pas seulement des méthodes de cyber-extorsion; elles sont également une source fréquente de fuites de données. Si la rançon n'est pas payée dans le délai imparti, les pirates menacent souvent de divulguer les données volées. Ces données peuvent être des informations clients, des secrets commerciaux, ou toute autre forme de données sensibles. Elles sont souvent publiées sur des forums clandestins ou des marchés du Dark Web, faisant d'elles une source inestimable mais hautement sensible de LEAKINT. La monétisation de ces données peut également être une motivation supplémentaire pour les pirates, ce qui crée une économie souterraine florissante basée sur les fuites de données.

Le Dark Web est une partie non indexée de l'Internet accessible principalement via le réseau Tor. Il est souvent le sanctuaire de diverses activités illégales, mais aussi d'échanges libres en dehors de la surveillance gouvernementale. Le système d'adressage .onion ajoute une couche supplémentaire d'anonymat et de sécurité, ce qui le rend idéal pour les opérations de LEAKINT. La complexité et l'opacité du Dark Web le rendent difficile à réguler, ce qui signifie qu'une multitude de données y sont disponibles, souvent en temps réel.

Contrairement à l'Internet classique où des moteurs comme Google dominent, le Dark Web a ses propres moteurs de recherche tels que DuckDuckGo, notEvil, et Torch. Ces moteurs sont conçus pour indexer les sites en .onion et fournissent ainsi un moyen plus efficace de trouver des informations pertinentes pour les opérations de LEAKINT. Ils jouent un rôle essentiel dans la navigation et la découverte de nouvelles sources de données, bien que la qualité et la fiabilité de ces sources puissent varier considérablement.

Les forums et les marchés spécifiques du Dark Web sont des viviers d'informations. Des codes sources volés, des bases de données compromises, des informations financières et des documents d'identité peuvent être achetés ou échangés. Pour le LEAKINT, ces espaces sont comme des mines d'or, même s'il est crucial d'aborder ces forums avec prudence et conscience des risques juridiques et éthiques impliqués.

Les lanceurs d'alerte fournissent souvent des informations sensibles qui peuvent avoir un impact significatif sur les entreprises, les organisations et même les gouvernements. Des plateformes sécurisées existent pour faciliter ces révélations, comme SecureDrop. Le LEAKINT peut bénéficier grandement de ces données pour des analyses approfondies, mais il est essentiel de garder à l'esprit les considérations éthiques et légales liées à leur utilisation.

Les programmes malveillants et autres outils d'exfiltration de données peuvent également servir de sources pour le LEAKINT. Bien que l'utilisation de ces outils soit souvent illégale et éthiquement problématique, les données qu'ils collectent peuvent finir par être publiées ou vendues sur le Dark Web. Il est donc crucial pour les praticiens de LEAKINT de connaître l'existence de ces outils et de comprendre comment ils fonctionnent.

Chaque source mentionnée ici présente son propre ensemble de défis et de risques. Le travail dans le domaine du LEAKINT nécessite donc une connaissance approfondie de ces différentes plateformes, ainsi qu'une réflexion sérieuse sur les implications éthiques et légales de ce type de travail.

II. Méthodologie de Collecte de Données

La collecte de données dans le domaine du LEAKINT est un exercice délicat qui nécessite un ensemble de compétences et d'outils très spécifiques. D'autant plus que le Dark Web est un espace en constante évolution, où la fiabilité des informations peut être sujette à caution. Cette section couvrira donc les différents outils et techniques qui peuvent être employés pour la collecte de données, ainsi que les meilleures pratiques pour assurer la véracité et la sécurité des informations collectées.

Outils de recherche sur le Dark Web

Naviguer dans le labyrinthe du Dark Web requiert des outils spécialisés. Au-delà des moteurs de recherche comme DuckDuckGo, il existe des outils de surveillance qui scannent les forums et les marchés en temps réel. Des apps comme Ahmia ou Grams sont des exemples d'outils qui peuvent vous aider à trouver des informations ciblées en fonction de vos besoins en LEAKINT. Cependant, il est essentiel de savoir que même ces outils ne peuvent garantir un accès complet à toutes les données, étant donné la nature évanescente du Dark Web.

Techniques de vérification des informations

Le Dark Web regorge d'informations, mais toutes ne sont pas fiables. Des méthodes de vérification doivent donc être employées. Par exemple, le croisement de données entre plusieurs sources ou la vérification de l'authenticité par le biais de techniques cryptographiques peuvent être utiles. La triangulation des données, qui consiste à corroborer une information par le biais de trois sources indépendantes, est également une méthode éprouvée pour valider les données.

Chiffrement et anonymat

L'anonymat et la confidentialité sont essentiels dans le domaine du LEAKINT. L'utilisation de réseaux privés virtuels (VPN), de Tor et d'autres méthodes de chiffrement est donc cruciale. Des services comme PGP (Pretty Good Privacy) peuvent être utilisés pour le chiffrement des emails et des fichiers. De plus, des systèmes de messagerie sécurisés comme Signal peuvent être utiles pour communiquer des informations sensibles. Ce niveau élevé de sécurité est nécessaire non seulement pour protéger l'identité de l'analyste, mais aussi pour assurer la confidentialité des données collectées.

Stockage sécurisé des données fuitées

La sécurisation des données collectées et leur stockage sont une autre préoccupation majeure. L'utilisation de bases de données cryptées, stockées sur des serveurs sécurisés et physiquement isolés, est une mesure recommandée. Il peut également être utile de fragmenter les données et de les stocker dans des emplacements distincts pour réduire le risque d'accès non autorisé. De plus, des protocoles de sécurité stricts doivent être mis en place pour contrôler qui a accès aux données et dans quelles circonstances.

Dans l'univers du LEAKINT, les fuites de données peuvent revêtir de nombreuses formes et concerner une grande variété de sujets. Chaque type de fuite a son propre degré d'importance et d'utilité, tant pour les entités qui cherchent à protéger ces données que pour celles qui pourraient bénéficier de leur divulgation. Cette section examinera les types de fuites les plus courants et discutera de la manière dont ils peuvent être exploités à des fins de renseignement.

Fuites d'informations financières

Les fuites d'informations financières peuvent être parmi les plus dommageables, notamment pour les entreprises et les particuliers concernés. Ces fuites peuvent inclure des données de cartes de crédit, des informations de comptes bancaires ou des détails sur des transactions financières illicites. Dans le cadre du LEAKINT, ces informations peuvent être essentielles pour suivre les flux financiers de groupes criminels ou terroristes, ou pour comprendre les réseaux de corruption.

Fuites de données personnelles (doxing)

Le "doxing" est une technique qui consiste à rechercher et à publier des informations personnelles sur une personne sans son consentement. Ces données peuvent inclure des noms, des adresses, des numéros de téléphone et même des données médicales. Pour les professionnels du renseignement, le doxing peut être un outil doublement tranchant : il peut permettre d'identifier des personnes d'intérêt, mais il peut aussi mettre en danger des informateurs ou des agents sous couverture. La manipulation de ces données doit donc être effectuée avec le plus grand soin.

Fuites d'informations d'entreprise

Les informations relatives à des entreprises, telles que les secrets industriels, les données de brevets ou les plans stratégiques, sont souvent la cible de cyberattaques. Une fuite de ce type d'informations peut donner un aperçu des capacités et des intentions d'une entreprise, ce qui est inestimable pour les analystes de renseignement. Par exemple, des données sur les chaînes d'approvisionnement ou les partenaires commerciaux peuvent révéler des réseaux plus larges qui sont d'intérêt pour les agences de renseignement.

Fuites de données gouvernementales

Les fuites provenant de sources gouvernementales sont souvent les plus sensibles et les plus impactantes. Elles peuvent aller de la correspondance entre des diplomates à des données sur des opérations militaires secrètes. Les fuites de données gouvernementales peuvent révéler des intentions, des capacités et même des faiblesses qui peuvent être exploitées. Néanmoins, elles requièrent également un degré élevé de vérification et d'analyse, étant donné que les conséquences de l'exploitation de données incorrectes ou délibérément falsifiées peuvent être graves.

En somme, le LEAKINT est un domaine qui nécessite une grande prudence et une éthique irréprochable. La nature et l'origine des fuites doivent être soigneusement considérées, tout comme leur utilité dans le contexte plus large des objectifs de renseignement.

IV. Analyse et Interprétation

Après la collecte des données dans le domaine du LEAKINT, l'étape suivante est l'analyse et l'interprétation. Cette phase est cruciale pour extraire des informations significatives à partir d'un amas de données souvent volumineux et complexe. Plusieurs outils et techniques sont utilisés à cette fin pour garantir que les données fuitées sont non seulement authentiques, mais aussi pertinentes pour les objectifs de renseignement. Voici quelques-unes des étapes et des méthodes essentielles pour analyser et interpréter efficacement les données fuitées.

Tri et filtrage des données

Le tri et le filtrage sont les premières étapes de l'analyse. Ils consistent à séparer les données pertinentes des données non pertinentes. Des outils algorithmiques peuvent être utilisés pour filtrer les données en fonction de critères prédéfinis tels que des mots-clés, des dates ou des entités nommées. Cette étape est essentielle pour réduire le bruit et focaliser l'analyse sur les informations qui ont le plus de valeur.

Analyse de contenu et contexte

Une fois les données filtrées, il est important d'examiner leur contenu ainsi que leur contexte. Cette analyse peut révéler des schémas, des anomalies ou des liens qui ne seraient pas immédiatement évidents. Par exemple, une analyse contextuelle pourrait aider à comprendre les motivations derrière une fuite de données ou à identifier les individus ou les groupes qui pourraient en être les auteurs.

Outils d'analyse de texte

Des outils d'analyse de texte tels que le traitement du langage naturel (NLP) et l'analyse de sentiment peuvent être extrêmement utiles dans l'examen de grandes quantités de texte. Ils permettent de repérer des thèmes récurrents, des sentiments associés à des entités spécifiques, ou même des tentatives de désinformation. En utilisant des outils d'analyse de texte avancés, les analystes peuvent gagner un temps précieux et augmenter l'efficacité de leur processus d'analyse.

Évaluation du risque et de la crédibilité

Enfin, il est essentiel d'évaluer le risque et la crédibilité des données recueillies. Cela inclut la vérification de la fiabilité des sources et l'évaluation des possibles conséquences de l'utilisation de ces données. L'évaluation du risque peut aussi concerner l'impact potentiel de la fuite sur la sécurité nationale ou la stabilité d'une organisation. Les données doivent être croisées avec d'autres sources et leur crédibilité doit être évaluée en conséquence.

L'analyse et l'interprétation sont des éléments clés du LEAKINT. Ils permettent non seulement de comprendre le contenu des fuites, mais aussi de déterminer leur pertinence et leur utilité pour les objectifs de renseignement. Les analystes doivent donc faire preuve de rigueur et d'expertise pour naviguer à travers cette étape complexe et souvent délicate.

V. Risques et Défis

Le domaine du LEAKINT est complexe et pose un certain nombre de défis et de risques, notamment sur les plans légal, éthique et sécuritaire. Dans cette section, nous examinerons ces différents aspects afin de fournir une vue d'ensemble des principales préoccupations associées à la collecte et à l'analyse de fuites de données.

Légalité de l'accès aux données fuitées

L'un des principaux défis du LEAKINT est la question de la légalité de l'accès aux données fuitées. Dans de nombreux pays, l'accès à des données piratées peut être illégal, même si l'objectif est la recherche ou le renseignement. Ainsi, les analystes doivent être extrêmement prudents dans leurs méthodes de collecte de données et s'assurer qu'ils opèrent dans les limites de la loi. Il est souvent nécessaire de consulter des experts juridiques afin de naviguer dans ce domaine complexe et parfois ambigu.

Problèmes éthiques

Au-delà des questions légales, le LEAKINT pose aussi de sérieux dilemmes éthiques. Est-il éthique d'utiliser des informations obtenues de manière illégale ou non éthique? Quelles sont les limites en termes d'atteinte à la vie privée des individus dont les données ont été fuitées? Ces questions requièrent une réflexion profonde et une analyse au cas par cas.

Le LEAKINT peut également entraîner des risques pour la sécurité personnelle. Les personnes dont les données sont analysées peuvent être exposées à des risques, notamment si ces informations sont sensibles ou personnelles. Par ailleurs, les analystes eux-mêmes peuvent être la cible de menaces ou de représailles s'il est découvert qu'ils enquêtent sur certaines fuites.

La navigation dans l'univers du LEAKINT est un exercice périlleux qui nécessite une grande vigilance et une connaissance approfondie des risques et défis inhérents à cette discipline. Cela inclut non seulement une compréhension des aspects légaux et éthiques, mais aussi une appréciation des risques potentiels pour la sécurité personnelle et des personnes concernées.

VI. Études de Cas

L'application pratique du LEAKINT est aussi variée que controversée. Cette section présente des études de cas qui illustrent différentes manières dont le LEAKINT a été utilisé, ainsi que des retours d'expérience et des leçons apprises qui peuvent éclairer de futures initiatives dans ce domaine.

1. Identification de groupes criminels: Dans certains cas, des fuites de données ont permis aux forces de l'ordre de localiser et d'identifier des groupes criminels. L'analyse des données fuitées a pu révéler des structures organisationnelles, des plans d'action et d'autres informations clés.

2. Sécurité des entreprises: Des entreprises ont utilisé le LEAKINT pour évaluer leur propre sécurité en accédant à des données qui ont été piratées puis mises en vente sur le Dark Web. Cela leur permet de prendre des mesures correctives avant qu'une violation ne cause un préjudice majeur.

3. Recherche académique: Dans un contexte académique, le LEAKINT a été utilisé pour étudier les tendances en matière de cybercriminalité, d'extrémisme en ligne et d'autres sujets sociaux importants. Toutefois, cette utilisation doit être rigoureusement encadrée pour respecter les lois et les normes éthiques.

Retours d'expérience et leçons apprises

1. Vérification rigoureuse: Un élément essentiel révélé par diverses utilisations du LEAKINT est la nécessité d'une vérification rigoureuse des données. De fausses informations ou des données manipulées peuvent facilement induire en erreur et entraîner de mauvaises décisions.

2. Importance du cadre légal et éthique: Les cas où le LEAKINT a été utilisé de manière irresponsable soulignent l'importance d'un cadre légal et éthique solide. La collecte et l'utilisation de données fuitées doivent être soigneusement planifiées pour minimiser les risques légaux et éthiques.

3. Prudence et discrétion: La discrétion est primordiale dans le domaine du LEAKINT, notamment pour protéger les analystes et les sources d'information. Les risques pour la sécurité personnelle peuvent être considérables et nécessitent une préparation et une planification minutieuses.

Ces études de cas et les leçons qui en découlent montrent que le LEAKINT est un outil puissant mais risqué. Il peut fournir des informations précieuses qui ne sont pas disponibles par d'autres moyens, mais il nécessite une grande prudence et une solide compréhension des risques et des défis associés.

VII. Perspectives Futures

À mesure que la technologie évolue et que les besoins en matière de renseignement se diversifient, le domaine du LEAKINT est susceptible de connaître d'importants changements. Cette section aborde les perspectives d'avenir en termes de législation, de technologies émergentes et de défis à venir.

Évolution des lois et régulations

La réglementation concernant l'accès et l'utilisation de données fuitées est en constante évolution. Les lois nationales et internationales pourraient devenir plus strictes, en particulier dans les domaines touchant à la vie privée et à la cybercriminalité. Par conséquent, toute entité qui utilise le LEAKINT devra rester à jour sur ces régulations pour s'assurer que ses méthodes de collecte et d'analyse demeurent légales.

Technologies émergentes pour l'analyse des fuites

Avec l'avancée des technologies d'IA et de machine learning, nous pouvons nous attendre à voir émerger des outils plus sophistiqués pour l'analyse des fuites de données. Par exemple, des algorithmes pourraient être développés pour trier automatiquement de grandes quantités de données fuitées et en extraire des informations utiles de manière plus efficace. De plus, des techniques de cryptographie avancée pourraient offrir des méthodes plus sécurisées pour le stockage et la transmission des données collectées.

Problèmes futurs et domaines d'intérêt

1. Éthique de la collecte de données: À mesure que le LEAKINT gagne en popularité, des questions éthiques plus pressantes surgiront, notamment concernant le consentement et l'impact sur les individus dont les données ont été compromises.

2. Faux positifs et désinformation: Les techniques sophistiquées de désinformation pourraient rendre plus difficile la distinction entre les données authentiques et les données manipulées, ce qui augmente le risque de faux positifs.

3. Cybersécurité: Comme le LEAKINT implique souvent d'opérer dans des environnements en ligne risqués, le renforcement de la cybersécurité deviendra un domaine d'intérêt majeur pour protéger les analystes et les infrastructures.

4. Géopolitique: Le rôle du LEAKINT dans les relations internationales et la géopolitique pourrait devenir un sujet de grande importance, surtout si des États commencent à utiliser cette méthode de manière plus agressive pour collecter des renseignements.

Ces perspectives futures montrent que le LEAKINT est un domaine en rapide évolution qui présente à la fois des opportunités et des défis. Une compréhension nuancée de ces éléments sera cruciale pour quiconque souhaite s'engager de manière efficace et responsable dans cette discipline.

Conclusion

La sphère du renseignement est en constante évolution, et le LEAKINT, ou "Leak Intelligence," représente à la fois une opportunité et un défi dans ce contexte dynamique. Ce chapitre a abordé divers aspects de ce domaine intrigant, de la collecte à l'analyse en passant par les défis éthiques et sécuritaires.

1. Sources de Données dans LEAKINT: De la dark web aux bases de données compromises, les sources de données sont variées et souvent complexes à naviguer.

2. Méthodologie de Collecte de Données: Les outils et techniques utilisés pour collecter des données doivent être soigneusement sélectionnés, et des mesures doivent être prises pour garantir l'anonymat et la sécurité des informations collectées.

3. Types de Fuites et Leur Utilité: Les données fuitées peuvent varier en nature, allant des informations financières aux données gouvernementales, chacune avec ses propres implications et utilités.

4. Analyse et Interprétation: L'analyse des données collectées requiert une expertise spécifique, y compris le tri et le filtrage des données, l'évaluation du contexte, et l'utilisation d'outils d'analyse de texte.

5. Risques et Défis: Les implications légales, éthiques et sécuritaires de l'exploitation de données fuitées sont des défis

majeurs qui doivent être pris en compte.

6. Études de Cas et Perspectives Futures: Des exemples concrets démontrent la valeur du LEAKINT, et l'évolution de la technologie et de la législation présage d'un avenir complexe pour ce domaine.

Le LEAKINT continuera d'être un domaine d'importance croissante dans le monde du renseignement. Avec l'évolution rapide des technologies et la mondialisation croissante des données, les opportunités pour collecter et analyser des informations sensibles ne cesseront de croître. Toutefois, ces opportunités viennent avec leur lot de risques et de défis éthiques. Ainsi, la nécessité de naviguer judicieusement dans ce paysage complexe rend le LEAKINT non seulement utile mais essentiel pour toute organisation ou individu engagé dans la collecte de renseignements.

En somme, le LEAKINT s'impose comme un domaine incontournable pour quiconque souhaite comprendre les mécanismes de fuite d'information et les utiliser de manière efficace et responsable.

Chapitre 4 : ARCHINT

Dans ce chapitre nous allons voir le ARCHINT

(Archival Intelligence): Utilisation d'archives Web comme Wayback Machine.

(Archeological Intelligence): Renseignement sur l'analyse d'œuvres d'arts.

Pendant mes recherches pour ce livre, j'ai découvert que sur internet, le terme ArchInt était utilisé de deux manières différentes. La première fait référence au renseignement des archives et la seconde, au renseignement sur les œuvres anciennes (archéologiques). Je vous ai mis deux introductions, mais je traiterai surtout de renseignement sur les archives.

Introduction à l'ARCHINT (Archival Intelligence)

L'information n'a pas de date d'expiration. C'est le principe fondamental de l'Archival Intelligence, ou ARCHINT. Dans une ère où l'information est souvent éphémère et rapidement remplacée par de nouvelles données, l'ARCHINT nous rappelle l'importance des archives. Qu'il s'agisse de versions archivées de sites Web, de documents gouvernementaux déclassifiés, ou de correspondances historiques, les informations anciennes peuvent offrir des perspectives uniques. Ce chapitre vous guide à travers les méthodologies pour exploiter ces trésors cachés d'informations, que ce soit pour le journalisme d'investigation, le renseignement ou la recherche académique.

Introduction à l'ARCHINT (Archeological Intelligence) - Focus sur la recherche d'œuvres d'art volées

L'art est le reflet de la culture, de l'histoire et de l'identité d'une civilisation. Malheureusement, il fait aussi souvent l'objet de vols et de trafics illicites. L'Archeology Intelligence, dans ce contexte spécifique, ne concerne pas les fouilles archéologiques, mais plutôt l'art de retrouver des œuvres d'art volées. Ce domaine fait appel à une variété de compétences, allant de l'expertise artistique à la connaissance des réseaux criminels.

I. Définition et Domaines d'Application de l'ARCHINT

Définition de l'ARCHINT

L'Archival Intelligence, ou ARCHINT, est la discipline qui se concentre sur l'exploitation de documents et de données archivées pour des fins d'analyse et de renseignement. Contrairement aux sources d'information plus éphémères, les archives offrent une fenêtre dans le temps, permettant des analyses longitudinales et une compréhension plus nuancée des événements.

Types d'archives disponibles

Il existe plusieurs types d'archives que l'on peut exploiter dans le cadre de l'ARCHINT. Cela inclut, mais ne se limite pas à :

- Archives Publiques: Documents gouvernementaux, registres publics, etc.

- Archives Privées: Correspondances, mémoires, photographies non publiées.

- Médias Archivés: Articles de presse, enregistrements audio et vidéo.

- Archives Numériques: Versions précédentes de sites Web, forums, blogs.

- Bases de Données Académiques: Articles de recherche, thèses, dissertations.

Chaque type d'archive a ses avantages et inconvénients, et la qualité des informations peut varier grandement.

Utilité dans divers domaines
L'ARCHINT est utile dans plusieurs domaines pour des raisons diverses :

- Journalisme: Le journalisme d'investigation tire souvent parti des archives pour construire des récits historiques et contextualiser des événements actuels.

- Renseignement: Dans le domaine du renseignement, l'ARCHINT peut aider à comprendre le contexte historique d'un enjeu actuel ou à identifier des modèles de comportement.

- Recherche Académique: Les chercheurs utilisent fréquemment des archives pour des études longitudinales ou pour obtenir des données qui ne sont plus collectées.

Chaque domaine a ses propres méthodologies et défis en matière d'exploitation des archives, mais tous reconnaissent la valeur inestimable que ces trésors d'information peuvent apporter.

II. Méthodologies d'Exploration des Archives

Recherche dans les bases de données publiques

La première étape de toute enquête ARCHINT consiste souvent à explorer les bases de données publiques. Celles-ci peuvent varier en fonction de la juridiction, du niveau de gouvernement et du domaine d'intérêt. Les bases de données peuvent contenir des documents juridiques, des articles de journaux, des données démographiques, des transcriptions d'entretiens ou de débats politiques, etc. Il est crucial de connaître les bonnes bases de données pour votre domaine d'intérêt spécifique et de savoir comment naviguer dans ces bases pour extraire les informations pertinentes. Des outils de recherche avancée, tels que des opérateurs booléens, peuvent également être utilisés pour affiner les résultats.

Techniques de fouille de texte

Une fois les données archivées collectées, la prochaine étape consiste en leur analyse. Le texte étant le format le plus courant, des techniques de fouille de texte, comme l'analyse de sentiment, le clustering ou le Topic Modeling, peuvent être appliquées pour en extraire des informations utiles. Ces méthodes sont particulièrement efficaces pour analyser de grands ensembles de données textuelles et pour mettre en lumière des tendances ou des schémas cachés. Des outils de traitement du langage naturel (NLP) et des algorithmes de machine learning sont souvent utilisés à cette étape.

L'authenticité et la crédibilité des archives sont d'une importance cruciale. Des méthodes doivent être en place pour vérifier la provenance des données, leur chaîne de garde, et leur intégrité globale. Cela peut inclure la vérification des métadonnées, la comparaison de plusieurs sources pour corroborer des informations, et l'évaluation de la réputation de la source originale. Des méthodes plus techniques, comme la vérification des signatures numériques ou l'utilisation de la blockchain pour vérifier l'intégrité des documents, sont également possibles dans certains cas.

Chaque méthode apporte son propre ensemble de défis et de limitations, mais leur utilisation combinée offre une approche complète pour naviguer et exploiter les vastes océans d'informations disponibles dans les archives.

III. Cas Pratiques en ARCHINT

Exemples dans le journalisme d'investigation

Le journalisme d'investigation a toujours été un terrain fertile pour l'application de l'ARCHINT. Par exemple, en utilisant des archives publiques, des journalistes ont pu retracer des transactions financières illicites et exposer des scandales politiques. Dans l'affaire des Panama Papers, des techniques de fouille de texte ont été utilisées pour analyser des millions de documents financiers et identifier des opérations de blanchiment d'argent et d'évasion fiscale. Ce genre de journalisme nécessite une méthodologie stricte pour la collecte et la vérification de données, en raison de la sensibilité et de l'importance des sujets abordés.

Utilisation dans le renseignement militaire

Dans le domaine militaire, l'ARCHINT peut être utilisé pour recueillir des informations sur des adversaires potentiels ou existants en examinant des archives diverses, y compris des informations militaires déclassifiés, des données historiques ou des transcriptions de communications. Ces informations peuvent ensuite être utilisées pour établir des profils psychologiques, des modèles de comportement, ou même pour identifier des schémas tactiques. Par exemple, l'examen des archives de la guerre froide peut aider à comprendre les stratégies de dissuasion nucléaire et leur efficacité, ce qui est particulièrement utile dans des scénarios de simulation de conflits modernes.

Applications dans la recherche académique

Dans le monde académique, l'ARCHINT trouve son utilité dans diverses disciplines allant de l'histoire à la sociologie en passant par la psychologie. Les chercheurs peuvent examiner les archives pour suivre l'évolution des courants de pensée, l'impact des politiques publiques ou encore les transformations sociales au fil du temps. Par exemple, un universitaire étudiant le mouvement des droits civiques aux États-Unis pourrait utiliser des archives de journaux, des discours publics et des interviews pour analyser les tactiques et les stratégies qui ont été employées et leur efficacité. Des outils comme les bases de données académiques, la recherche en texte intégral et les métadonnées enrichissent considérablement le processus de recherche.

Ces cas pratiques illustrent la polyvalence et la pertinence de l'ARCHINT dans divers domaines, démontrant son rôle crucial en tant qu'outil d'investigation et d'analyse.

IV. Défis et Limitations

Questions d'authenticité

L'un des défis majeurs dans l'utilisation de l'ARCHINT est la question de l'authenticité des archives. Avec la facilité de modification et de fabrication de documents numériques, il est essentiel de vérifier l'authenticité des sources avant de les utiliser comme preuve ou support d'analyse. Ce problème est d'autant plus accentué dans les situations où les enjeux sont élevés, comme le journalisme d'investigation ou le renseignement militaire. Des techniques de vérification des données, telles que le croisement des sources et l'expertise documentaire, sont souvent nécessaires pour confirmer la validité d'une archive.

Accessibilité des archives

Un autre obstacle est l'accessibilité aux archives pertinentes. Non toutes les archives ne sont pas publiques, et l'accès à des documents privés ou classifiés peut être restreint par des barrières légales ou administratives. Même lorsque les archives sont techniquement accessibles, elles peuvent être disséminées dans différents formats et emplacements, rendant la collecte et l'analyse des données un exercice laborieux et chronophage. Des compétences en programmation et en gestion de bases de données peuvent être utiles pour automatiser certaines de ces tâches et faciliter l'accès à l'information.

L'utilisation d'archives peut également être compromise par des risques de désinformation. Des acteurs malveillants peuvent délibérément altérer ou falsifier des documents pour induire en erreur. Dans le pire des cas, cela peut entraîner des conclusions erronées ou biaisées qui ont des implications graves, particulièrement dans les domaines du renseignement et de la politique. Il est donc crucial de toujours aborder les sources d'archives avec un esprit critique, en utilisant des méthodes de vérification robustes pour évaluer leur crédibilité.

Ces défis et limitations ne rendent pas l'ARCHINT moins utile; au contraire, ils soulignent la nécessité d'approches méthodologiques rigoureuses pour exploiter au mieux ce précieux outil d'analyse.

V. Perspectives Futures

Intelligence artificielle et ARCHINT

L'essor de l'intelligence artificielle (IA) offre des opportunités fascinantes pour l'avenir de l'ARCHINT. Les algorithmes de machine learning peuvent automatiser le processus laborieux de fouille de texte, d'identification de modèles et de vérification des données, rendant la collecte et l'analyse des archives plus efficaces et plus rapides. De plus, l'IA peut être utilisée pour améliorer l'authenticité des archives en détectant les altérations et les falsifications, ce qui peut être particulièrement utile dans le cadre du journalisme d'investigation ou du renseignement. Toutefois, cette automatisation peut aussi poser des questions éthiques, notamment sur la responsabilité des erreurs algorithmiques et sur le respect de la vie privée.

Évolution des lois et régulations sur les archives

Alors que le monde devient de plus en plus numérisé, les lois et régulations concernant les archives évoluent également. Par exemple, la durée de conservation des données ou encore les réglementations sur la protection des données personnelles ont un impact sur ce qui peut être stocké et consulté. Il est donc crucial de rester à jour sur ces changements législatifs, car ils peuvent soit ouvrir de nouvelles opportunités, soit créer des barrières à l'accessibilité des archives.

Nouveaux types d'archives numériques

Le paysage numérique en constante évolution donne naissance à de nouveaux types d'archives, telles que les médias sociaux, les blockchains, ou même les mondes virtuels. Ces sources offrent de nouvelles opportunités pour l'ARCHINT, mais elles introduisent également de nouveaux défis en termes de validation et de contextualisation de l'information. L'analyse de ces types d'archives nécessitera donc des méthodologies adaptées, peut-être même des compétences en programmation avancées pour naviguer et analyser ces systèmes complexes.

Ces perspectives futures font de l'ARCHINT un domaine en constante évolution, où l'innovation et l'adaptabilité seront les clés du succès. Leur exploration permettra non seulement d'améliorer les méthodologies existantes mais aussi de poser de nouvelles questions qui façonneront le futur de ce domaine.

VI. Conclusion

Au terme de ce chapitre, plusieurs aspects clés de l'Archival Intelligence ou ARCHINT ont été abordés. Nous avons examiné les différents types d'archives disponibles, allant des documents gouvernementaux déclassifiés aux bases de données numériques. Nous avons également exploré les méthodologies pour exploiter ces archives, y compris les techniques de fouille de texte et de vérification de la validité des sources. Des cas pratiques ont été présentés, illustrant l'impact de l'ARCHINT dans divers domaines comme le journalisme d'investigation, le renseignement militaire et la recherche académique. Enfin, nous avons abordé les défis et les limitations du domaine, notamment les questions d'authenticité et d'accessibilité, tout en esquissant les perspectives futures avec l'émergence de nouvelles technologies et régulations.

L'ARCHINT n'est pas simplement une discipline académique ou une technique de renseignement ; c'est un outil essentiel pour comprendre et interpréter le monde dans lequel nous vivons. Dans un environnement numérique où l'information est en constante évolution, la capacité de se référer à des données archivées fiables est inestimable. Que ce soit pour exposer des actes répréhensibles dans le journalisme d'investigation, pour fournir des renseignements stratégiques dans un contexte militaire, ou pour éclairer des études académiques, l'ARCHINT joue un rôle crucial. Sa pertinence ne fait qu'augmenter avec l'avènement de nouvelles technologies et la mondialisation de l'information.

En somme, l'ARCHINT s'affirme comme une discipline incontournable dans notre monde contemporain. Son importance transcende les domaines d'application et met en lumière la nécessité de préserver, d'analyser et de comprendre l'information à travers le temps.

Chapitre 5 : MASINT

Dans ce chapitre nous allons voir le MASINT (Measurement and signature intelligence) : désigne l'utilisation et l'analyse des informations issues de tout type de capteur.

Introduction

Les méthodes de renseignement sont souvent catégorisées en fonction de la nature des données qu'elles collectent, mais le MASINT se distingue par sa diversité inhérente. MASINT, ou "Measurement and Signature Intelligence," englobe l'utilisation et l'analyse des informations issues de tout type de capteur. Son champ d'application est large et peut inclure des sous-domaines très variés.

Electro-optical MASINT : cette branche se focalise sur les mesures de l'énergie émise, réfléchie ou absorbée par des objets, en utilisant des techniques optiques et infrarouges.

Nuclear MASINT : se spécialise dans la détection et l'analyse des radiations nucléaires, qu'il s'agisse de comprendre les capacités d'un pays en matière d'armes nucléaires ou de suivre des matières dangereuses.

Geophysical MASINT : s'intéresse aux propriétés physiques du monde sous-terrestre et sous-marin, et peut être utilisé dans des applications allant de la détection de ressources naturelles à l'identification de bases souterraines.

Radar MASINT : met en œuvre des techniques radar pour détecter, suivre et comprendre des objets, que ce soit pour la surveillance aérienne ou la cartographie topographique.

Materials MASINT (chemistry) : cette branche se concentre sur l'analyse chimique des matériaux pour identifier leurs propriétés et origines, offrant ainsi des informations précieuses dans des domaines aussi divers que la lutte contre la contrefaçon ou l'analyse de la pollution.

Radiofrequency MASINT : exploite les fréquences radio pour comprendre des phénomènes allant de la propagation des signaux à la détection de technologies de communication avancées.

Ce chapitre vous permettra d'explorer ces différents sous-domaines du MASINT, en soulignant leurs applications pratiques, méthodologies, et les enjeux éthiques associés à ce type de renseignement multi-disciplinaire.

I. Les Sous-Domaines du MASINT

Electro-optical MASINT

L'Electro-optical MASINT (EO MASINT) concerne la collecte et l'analyse des données optiques et électro-optiques. Ce sous-domaine utilise divers types de capteurs, notamment des caméras haute résolution, des systèmes d'imagerie infrarouge et des lasers. L'objectif principal est de mesurer l'énergie émise, réfléchie ou absorbée par des objets. Ces données sont particulièrement utiles pour la reconnaissance et l'identification des cibles, ainsi que pour la surveillance environnementale. Par exemple, les capteurs infrarouges peuvent détecter des variations de température, ce qui est crucial dans la détection de lancements de missiles ou de mouvements de troupes la nuit.

Nuclear MASINT

Le Nuclear MASINT s'intéresse spécifiquement à la détection et à l'analyse des radiations nucléaires. Il utilise une gamme de capteurs spécialisés pour suivre les activités nucléaires, comme les essais de bombes ou le mouvement de matériaux radioactifs. Ce sous-domaine est crucial pour évaluer les capacités nucléaires d'un pays, ainsi que pour le suivi des matières dangereuses en temps réel. Il peut également être utilisé pour évaluer l'impact environnemental d'accidents nucléaires.

Geophysical MASINT

Le Geophysical MASINT englobe l'étude des propriétés physiques du monde sous-terrestre et sous-marin. Ce domaine fait usage de techniques comme la sismologie, la géologie et l'hydrographie pour

115

évaluer des phénomènes naturels ou induits par l'homme. Ces informations peuvent servir dans des domaines aussi variés que la détection de ressources naturelles, l'identification de bases souterraines ou même la prévention de catastrophes naturelles.

Radar MASINT

Le Radar MASINT implique l'utilisation de différentes formes de technologie radar pour détecter, suivre et comprendre des objets et des phénomènes. Les applications incluent la surveillance aérienne, la cartographie topographique, et même la météorologie. Par exemple, un radar Doppler peut être utilisé pour surveiller les mouvements des avions et des véhicules terrestres, tandis qu'un radar à synthèse d'ouverture peut fournir des images détaillées de la topographie d'une région.

Materials MASINT

Ce sous-domaine est axé sur l'analyse chimique de matériaux pour identifier leurs propriétés et leurs origines. Les capteurs peuvent analyser les émissions chimiques, les résidus ou même les matériaux à l'état solide. Cette forme de MASINT est cruciale dans la lutte contre la contrefaçon, l'analyse de la pollution et la détection d'armes chimiques ou biologiques.

Radiofrequency MASINT

Le Radiofrequency MASINT concerne l'exploitation des fréquences radio pour comprendre des phénomènes variés. Ce domaine utilise des capteurs pour détecter et analyser les signaux électromagnétiques. Il a des applications dans le suivi des communications, le brouillage et l'interception, ainsi que dans la détection de technologies de communication avancées.

Chacun de ces sous-domaines apporte une couche supplémentaire de complexité et de spécificité au MASINT, rendant ce domaine du renseignement extrêmement polyvalent et indispensable à une grande variété d'opérations.

II. Applications Pratiques du MASINT

Utilisations en Défense et Sécurité Nationale

Le MASINT joue un rôle crucial dans les domaines de la défense et de la sécurité nationale. Par exemple, l'Electro-optical MASINT peut être utilisé pour la reconnaissance de cibles et la surveillance à distance, tandis que le Nuclear MASINT est essentiel pour suivre les activités nucléaires des États potentiellement hostiles. Le Radar MASINT peut être employé pour la détection précoce d'objets aériens, y compris les avions ennemis et les missiles. De plus, le Radiofrequency MASINT peut aider à intercepter les communications adverses et à comprendre les capacités technologiques de l'ennemi.

Applications dans le Secteur Privé

Le MASINT trouve également des applications variées dans le secteur privé. Par exemple, le Materials MASINT peut être utilisé pour la vérification de la qualité des matériaux dans des industries telles que la construction ou l'automobile. De plus, la détection de contrefaçons, en particulier dans les produits pharmaceutiques, est une autre application directe. Le Geophysical MASINT, quant à lui, est souvent utilisé dans le secteur minier pour la localisation de ressources naturelles. Les techniques radar peuvent aussi être utilisées dans des applications civiles comme la cartographie ou la prévision météorologique.

Le MASINT n'est pas seulement un outil de renseignement ou de sécurité; il sert aussi d'instrument de recherche. Dans le domaine environnemental, les capteurs peuvent être utilisés pour surveiller les changements climatiques, les émissions de gaz à effet de serre, ou même les mouvements tectoniques. Le Nuclear MASINT peut aider à comprendre les niveaux de radiation dans différents environnements, ce qui est vital pour évaluer les impacts d'accidents nucléaires. En ce qui concerne la recherche purement scientifique, les techniques de MASINT peuvent aider dans des domaines allant de l'astronomie à la géologie, en fournissant des données que d'autres méthodes ne peuvent pas obtenir.

Chacun de ces domaines d'application démontre la polyvalence et l'importance du MASINT, qui ne se limite pas à un type d'information ou à un secteur d'activité. Son large éventail de sous-domaines et de méthodologies le rend utile dans de nombreux contextes, faisant de lui un outil incontournable pour aborder les défis complexes de notre monde moderne.

III. Méthodologies dans le MASINT

Collecte de Données

La collecte de données dans le MASINT est une étape cruciale et souvent complexe en raison de la diversité des sous-domaines. Les méthodes de collecte peuvent varier considérablement :

- Electro-optical MASINT utilise des capteurs optiques et infrarouges pour collecter des données sur l'énergie émise, réfléchie ou absorbée par des objets.

- Nuclear MASINT emploie des détecteurs de radiations spécialisés.

- Geophysical MASINT peut utiliser des techniques telles que la sismologie ou la sonar pour collecter des informations sur le sous-sol et le monde sous-marin.

- Radar MASINT utilise des techniques radar pour obtenir des informations sur la vitesse, la distance et les caractéristiques des objets.

Techniques d'Analyse

Après la collecte, les données subissent souvent une série d'analyses pour en extraire des informations utiles :

- Dans le cas de Materials MASINT, des techniques chimiques et

119

spectroscopiques sont utilisées pour identifier les propriétés des matériaux.

- Radiofrequency MASINT peut utiliser des techniques d'analyse de spectre pour comprendre la propagation des signaux et identifier des technologies de communication.

- Nuclear MASINT peut nécessiter des méthodes statistiques avancées pour discriminer les événements nucléaires naturels des activités anthropiques.

Outils et Technologies Employées

Outils et Technologies Employées

Une gamme d'outils et de technologies est nécessaire pour exécuter des opérations de MASINT efficacement :

- Des logiciels spécialisés sont souvent nécessaires pour traiter et analyser les données collectées.

- Des capteurs avancés, souvent conçus spécifiquement pour des tâches de MASINT, sont également essentiels.

- Des bases de données sécurisées sont nécessaires pour stocker les informations sensibles collectées, particulièrement dans des contextes liés à la sécurité nationale.

Le MASINT est un domaine interdisciplinaire qui requiert une combinaison d'expertise en ingénierie, en science des données, et souvent en domaines plus spécialisés tels que la géologie ou la physique nucléaire. Son efficacité repose sur une méthodologie rigoureuse et sur l'emploi d'outils et de technologies de pointe.

IV. Enjeux Éthiques et Légaux

Questions de Vie Privée et de Surveillance

Le MASINT, par sa nature même, soulève des questions importantes en matière de vie privée et de surveillance. Que ce soit l'interception de communications dans le cadre du Radiofrequency MASINT ou la surveillance visuelle dans le cadre de l'Electro-optical MASINT, il est crucial de peser les bénéfices en termes de sécurité contre les risques potentiels pour la vie privée des individus. La collecte de données peut facilement devenir intrusive si elle n'est pas réglementée de manière stricte.

Implications Internationales

Le MASINT peut avoir des implications internationales importantes. Par exemple, le Nuclear MASINT peut aider à surveiller le développement d'armes nucléaires dans d'autres pays, mais il peut également être considéré comme une violation de la souveraineté nationale si effectué sans consentement. De même, des sous-domaines comme le Geophysical MASINT peuvent être utilisés pour surveiller des ressources naturelles dans des territoires étrangers, posant ainsi des questions sur le droit international.

Réglementations et Lois Applicables

Il existe divers cadres législatifs et réglementaires qui s'appliquent au MASINT :

- Des lois sur la surveillance et la collecte de données, tant au niveau national qu'international, doivent être respectées.

- Dans certains cas, des traités internationaux peuvent encadrer ou limiter l'utilisation du MASINT, comme c'est le cas pour certaines formes de surveillance nucléaire.

- Au sein de l'Union Européenne, des réglementations telles que le RGPD peuvent également avoir une incidence sur la manière dont les données sont collectées et stockées.

L'observation des lois et réglementations applicables est donc primordiale pour assurer une pratique éthique du MASINT. Tout manquement à ces règles peut non seulement entraîner des sanctions légales, mais également nuire à la légitimité et à l'efficacité des opérations de renseignement.

V. Cas Pratiques en MASINT

Études de Cas sur l'Application du MASINT dans Différents Scénarios

1. Détection de Lanceurs de Missiles avec Electro-optical MASINT : Les techniques de MASINT basées sur des capteurs optiques et infrarouges ont été utilisées pour détecter des lanceurs de missiles mobiles. Cela a permis de réduire les risques d'attaques surprises et d'améliorer la préparation aux situations de conflit.

2. Suivi de Matières Radioactives avec Nuclear MASINT : Le Nuclear MASINT a été déployé pour suivre les mouvements de matières radioactives, aidant à contrôler le trafic illicite et à prévenir le terrorisme nucléaire.

3. Cartographie de Réserves d'Eau Souterraines avec Geophysical MASINT : Dans des régions touchées par la sécheresse, les technologies de MASINT ont été utilisées pour localiser avec précision les réserves d'eau souterraines, ce qui a des implications significatives pour l'agriculture et la gestion des ressources naturelles.

4. Détection d'Avions Furtifs avec Radar MASINT : Le Radar MASINT peut être utilisé pour détecter des avions qui sont conçus pour échapper aux systèmes radar traditionnels, fournissant ainsi un avantage stratégique.

5. Lutte contre la Contrefaçon avec Materials MASINT : L'analyse chimique des matériaux permet de lutter contre la contrefaçon en authentifiant l'origine des produits, du luxe à la pharmacie.

6. Interception de Communications Clandestines avec Radiofrequency MASINT : Ce cas explore comment le MASINT a été utilisé pour détecter et décoder des communications cryptées de groupes criminels ou terroristes.

- Équilibre entre Sécurité et Éthique : La collecte et l'analyse de données doivent toujours être effectuées dans le respect des lois et réglementations en vigueur pour éviter les abus.

- Collaboration Interdisciplinaire : Le MASINT étant un domaine multi-disciplinaire, une collaboration étroite entre experts de différents domaines est essentielle pour maximiser son efficacité.

- Formation et Compétence : Une formation approfondie est nécessaire pour comprendre les complexités des différents sous-domaines du MASINT, ainsi que les outils et technologies associés.

- Veille Technologique : Le maintien à jour des dernières avancées en matière de capteurs et d'algorithmes d'analyse est crucial pour rester compétitif dans le domaine du MASINT.

Ces cas pratiques et leçons apprises soulignent la polyvalence et la complexité du MASINT, tout en mettant en évidence l'importance d'une approche éthique et légale dans son application.

Complexité Technologique

- Variabilité des Capteurs : Le MASINT implique l'utilisation d'une vaste gamme de capteurs, chacun ayant ses propres limitations en termes de résolution, de portée et de fiabilité.

- Algorithmes d'Analyse : Le traitement des données collectées nécessite souvent des algorithmes complexes, ce qui peut rendre l'analyse lente et augmenter la marge d'erreur.

- Compétences Requises : La diversité des sous-domaines du MASINT nécessite une expertise multidisciplinaire, rendant le recrutement et la formation des personnels qualifiés plus difficiles.

Coût et Ressources Nécessaires

- Investissement Initial : Les technologies de MASINT sont souvent coûteuses à acquérir et à maintenir.

- Consommation d'Énergie : Certains types de capteurs et de systèmes d'analyse nécessitent d'importantes quantités d'énergie, ce qui peut être un obstacle dans des zones reculées ou en situation de crise.

- Stockage de Données : La quantité massive de données collectées nécessite des solutions de stockage robustes et sécurisées, ce qui entraîne des coûts supplémentaires.

- Manque de Normes : L'absence de normes universelles peut rendre difficile l'intégration de différents systèmes de MASINT, réduisant ainsi leur efficacité globale.

- Compatibilité des Systèmes : Les systèmes développés par différentes entités ou pays peuvent ne pas être compatibles entre eux, ce qui pose des défis en termes de collaboration et de partage d'informations.

- Évolution Rapide des Technologies : La rapidité avec laquelle les technologies évoluent peut rendre certains systèmes obsolètes rapidement, nécessitant des mises à jour fréquentes et coûteuses.

Chacun de ces défis et limitations représente un obstacle à l'optimisation de l'utilisation du MASINT. Toutefois, ils offrent également des opportunités pour l'innovation et l'amélioration continues dans ce domaine multidisciplinaire.

VII. Perspectives Futures

Innovations en cours dans le domaine du MASINT

- Capteurs plus Efficaces : Des progrès sont en cours pour développer des capteurs avec des résolutions plus élevées, des portées plus longues et une meilleure fiabilité.

- Miniaturisation : La tendance vers des capteurs plus petits et plus légers permet une meilleure portabilité et des déploiements plus discrets.

- Analyse en Temps Réel : Les innovations visent à permettre l'analyse de données en temps réel, ce qui serait particulièrement utile dans des contextes de mission critique.

- Changement Climatique : Avec l'augmentation des préoccupations environnementales, le MASINT pourrait jouer un rôle plus important dans le suivi des phénomènes climatiques.

- Cybersécurité : À mesure que les menaces cybers deviennent plus sophistiquées, le MASINT peut offrir de nouvelles méthodes pour détecter et contrer ces menaces.

- Santé Publique : Les techniques de MASINT pourraient être adaptées pour surveiller la propagation des maladies ou l'efficacité des interventions sanitaires.

- IA et Analyse de Données : L'intelligence artificielle pourrait révolutionner la manière dont les données du MASINT sont analysées, rendant le processus plus rapide et plus précis.

- Réseaux 5G et IoT : Le déploiement généralisé des réseaux 5G et de l'Internet des Objets permettrait une collecte de données plus rapide et plus fiable.

L'avenir du MASINT est étroitement lié aux progrès technologiques et à l'évolution des besoins en matière de renseignement. Avec des innovations constantes, le MASINT est en passe de devenir un outil encore plus polyvalent et puissant dans la panoplie des méthodes de renseignement.

Conclusion

Résumé des Points Clés du Chapitre

Au cours de ce chapitre, nous avons exploré la nature multidisciplinaire du MASINT, ou "Measurement and Signature Intelligence". Nous avons abordé ses différents sous-domaines, allant de l'électro-optique à la radiofréquence, en passant par les aspects nucléaires et géophysiques. Chacun de ces domaines présente des applications pratiques, des méthodologies spécifiques et des défis uniques. Les questions éthiques et légales ont également été mises en avant, notamment en ce qui concerne la vie privée et les implications internationales. Enfin, nous avons examiné les innovations en cours et à venir qui promettent de façonner l'avenir du MASINT.

Importance Continue du MASINT dans le Paysage du Renseignement Moderne

Le MASINT continue de jouer un rôle crucial dans le monde du renseignement pour plusieurs raisons :

- Polyvalence : Son large éventail d'applications en fait un outil précieux pour de multiples secteurs, y compris la défense, la recherche scientifique, et même la gestion des crises environnementales.

- Innovation Technologique : Les avancées en matière de capteurs, d'analyse de données et de technologies émergentes comme l'IA augmentent constamment la portée et l'efficacité du MASINT.

- Précision et Fiabilité : Le MASINT offre souvent des données qui ne peuvent pas être obtenues par d'autres formes de renseignement, rendant son utilisation indispensable pour une évaluation complète de la situation.

Dans un monde de plus en plus interconnecté et complexe, l'importance du MASINT dans le paysage du renseignement moderne ne peut être sous-estimée. Sa capacité à évoluer en parallèle avec les innovations technologiques lui garantit une place de choix dans les opérations de renseignement des années à venir.

Chapitre 6 : SIGINT

Dans ce chapitre nous allons voir le SIGINT (Signal Intelligence): Renseignement lié aux signaux électromagnétiques.

Introduction

Dans le monde hyperconnecté d'aujourd'hui, les signaux électromagnétiques sont partout : ils facilitent les communications, animent nos technologies et, souvent sans que nous en soyons conscients, révèlent une multitude d'informations sur nos activités. C'est ici qu'intervient le SIGINT, ou "Signal Intelligence", une discipline de renseignement qui se consacre à l'interception, la collecte et l'analyse de ces signaux électromagnétiques.

Le SIGINT se divise en deux grands sous-domaines, chacun ayant ses propres méthodologies et applications :

ELINT (Electronic Intelligence) : Focalisé sur l'interception et l'analyse de signaux électromagnétiques non-communicationnels, l'ELINT peut fournir des renseignements sur, par exemple, un radar ennemi ou un système de guidage de missiles.

COMINT (Communications Intelligence) : Spécialisé dans l'interception et l'analyse de communications entre personnes, que ce soit par des moyens électroniques comme le téléphone ou des moyens numériques comme les réseaux sociaux et les plateformes de messagerie.

L'enjeu du SIGINT ne se limite pas qu'à la sphère militaire ou gouvernementale ; il trouve également des applications dans le monde des affaires, de la cybersécurité et même dans des enquêtes criminelles. Ce chapitre vous guidera à travers les facettes diverses du SIGINT, en mettant en lumière les techniques utilisées, les défis éthiques et les répercussions de cette forme de renseignement dans nos vies quotidiennes.

I. Les Sous-Domaines du SIGINT

ELINT (Electronic Intelligence)

L'ELINT est spécialisé dans la collecte et l'analyse de signaux électromagnétiques non-communicationnels. Ces signaux peuvent provenir de diverses sources telles que les radars, les systèmes de guidage de missiles, ou encore les dispositifs d'écoute électronique. L'objectif principal est de collecter des informations sur les capacités, les intentions et les mouvements d'un adversaire sans avoir à intercepter des communications directes entre des individus. Les applications de l'ELINT sont souvent stratégiques et sont utilisées pour évaluer les menaces potentielles, par exemple pour identifier l'emplacement d'un système radar ennemi ou pour évaluer les capacités d'une force militaire adverse. Grâce à des techniques d'analyse avancées, l'ELINT permet aussi de déjouer ou de brouiller des systèmes électroniques ennemis.

Contrairement à l'ELINT, le COMINT se concentre sur l'interception et l'analyse de communications entre personnes. Cela englobe un large éventail de communications, allant des conversations téléphoniques aux messages échangés sur des plateformes de médias sociaux. Les informations obtenues peuvent être de nature diverse : elles peuvent révéler des plans, des intentions, ou même des données sensibles sur un individu ou une organisation. Le COMINT est largement utilisé dans une variété de contextes, notamment en matière de sécurité nationale pour la détection et la prévention du terrorisme, mais aussi dans des enquêtes criminelles. Des outils sophistiqués tels que l'analyse sémantique et la reconnaissance vocale sont souvent employés pour filtrer et interpréter les données collectées.

Bien que les deux sous-domaines partagent l'objectif général de collecter des renseignements par le biais de signaux électromagnétiques, ils se distinguent considérablement par la nature des données qu'ils collectent et analysent. L'ELINT est orienté vers la compréhension des systèmes électroniques et leurs émissions, tandis que le COMINT s'intéresse aux communications entre les individus. Les méthodes et les outils employés varient aussi en conséquence : l'ELINT fait souvent appel à des techniques d'analyse du spectre électromagnétique, tandis que le COMINT utilise des méthodes d'analyse linguistique et de décryptage. Néanmoins, dans la pratique, ELINT et COMINT peuvent souvent être complémentaires. Par exemple, l'ELINT peut aider à localiser une source de communication que le COMINT cherchera ensuite à écouter et à décrypter.

135

II. Applications Pratiques du SIGINT

Utilisations en défense et sécurité nationale

En matière de défense et de sécurité nationale, le SIGINT est un outil essentiel pour le renseignement. Il est largement employé pour surveiller les communications et les activités des adversaires potentiels, qu'ils soient des états-nations ou des groupes terroristes. Par exemple, le COMINT peut être utilisé pour intercepter et décrypter les communications entre membres d'une organisation terroriste, permettant ainsi d'anticiper et de prévenir des actes de terrorisme. De son côté, l'ELINT peut être utilisé pour identifier et localiser des systèmes radar et des installations militaires ennemies. En somme, le SIGINT offre une richesse d'informations qui peut être exploitée pour prendre des décisions stratégiques et tactiques dans le domaine de la défense.

Applications dans le monde des affaires et la cybersécurité

Le SIGINT a également des applications pratiques en dehors du domaine militaire et gouvernemental. Dans le monde des affaires, par exemple, le SIGINT peut être employé pour surveiller les activités de concurrents ou pour protéger des informations commerciales sensibles. Des entreprises spécialisées en cybersécurité utilisent les techniques de COMINT pour détecter des fuites d'informations ou des intrusions dans des systèmes de communication d'entreprise. Le SIGINT peut également être employé pour évaluer les risques associés à des partenaires commerciaux ou pour réaliser des audits de sécurité.

Le SIGINT joue un rôle de plus en plus important dans les enquêtes criminelles. La capacité à intercepter et à analyser des communications peut être cruciale pour résoudre des affaires complexes. Par exemple, des messages texte ou des appels téléphoniques entre suspects peuvent être interceptés et analysés pour fournir des preuves dans des affaires de trafic de drogue ou de kidnapping. De plus, les technologies de SIGINT peuvent aider à localiser des individus en fuite ou à surveiller des réseaux criminels. L'ELINT, bien que moins fréquemment utilisé dans ce contexte, peut également fournir des renseignements utiles, par exemple en détectant l'utilisation de dispositifs électroniques utilisés pour commettre des crimes.

III. Méthodologies dans le SIGINT

L'interception est la première étape dans la chaîne du SIGINT, et il existe diverses méthodes pour capturer les signaux électromagnétiques. Dans le cadre du COMINT, des antennes directionnelles peuvent être utilisées pour cibler des fréquences spécifiques de communication. Les dispositifs IMSI-catchers peuvent également être employés pour intercepter des communications mobiles en se faisant passer pour une antenne-relais de téléphonie mobile. En ce qui concerne l'ELINT, des systèmes de détection plus sophistiqués, comme des radars passifs, peuvent être utilisés pour localiser des émissions radar ou autres signaux non-communicationnels.

Une fois les données interceptées, l'étape suivante est leur analyse. Dans le cas du COMINT, cela peut impliquer le décryptage des communications chiffrées, la traduction de langues étrangères, et l'analyse du contenu pour en extraire des informations pertinentes. Des techniques d'analyse de texte et de reconnaissance vocale peuvent être utilisées pour filtrer de grandes quantités de données et isoler les informations clés. Pour l'ELINT, l'analyse peut inclure l'identification des types de systèmes qui produisent un signal donné, leur localisation géographique, et d'autres caractéristiques comme la fréquence et la puissance du signal.

Le SIGINT utilise une gamme variée d'outils et de technologies pour accomplir ses objectifs. Des équipements de surveillance à distance aux satellites espions, en passant par des logiciels de cryptanalyse et des systèmes d'analyse de données en temps réel, les outils sont aussi divers que les applications du SIGINT. Les technologies de l'IA et du Machine Learning sont également de plus en plus intégrées dans les systèmes de SIGINT pour aider à l'analyse de grands volumes de données. Des solutions logicielles spécifiques permettent l'intégration de données de multiples sources pour créer une image de renseignement plus complète.

Les méthodologies employées en SIGINT sont donc complexes et diversifiées, requérant une combinaison d'expertise technique et analytique. De l'interception à l'analyse, chaque étape nécessite des outils et des compétences spécialisés pour extraire des informations utiles à partir d'un océan de données.

IV. Enjeux Éthiques et Légaux

Questions de vie privée et de surveillance

L'un des enjeux éthiques majeurs liés au SIGINT est la question de la vie privée. L'interception et l'analyse de communications peuvent facilement entraîner une surveillance de masse, ce qui soulève des questions sur le droit à la vie privée et la liberté individuelle. Dans le contexte de COMINT, par exemple, l'écoute de conversations téléphoniques sans consentement peut être considérée comme une violation des droits de l'homme. Même si la surveillance est justifiée par des raisons de sécurité nationale, la collecte de données en vrac peut toucher des individus innocents et constituer un abus de pouvoir.

Implications internationales

Le SIGINT a également des répercussions sur la scène internationale. L'espionnage électronique peut enfreindre la souveraineté des États et mener à des tensions diplomatiques. De plus, la collecte de données dans d'autres pays peut être perçue comme une agression et déclencher des mesures de rétorsion. Dans un monde de plus en plus connecté, les informations interceptées peuvent facilement traverser les frontières, ce qui complique la question de la juridiction et des lois applicables.

Réglementations et lois applicables

En raison des enjeux éthiques et des implications internationales, le SIGINT est souvent soumis à une réglementation stricte. Dans de nombreux pays, les activités de SIGINT sont encadrées par des lois qui exigent, par exemple, l'obtention d'un mandat pour surveiller des communications individuelles. Des conventions internationales, telles que la Convention européenne des droits de l'homme, peuvent également limiter les activités de SIGINT. Dans le cas des États-Unis, des organisations comme la FISA Court supervisent les activités de SIGINT pour garantir leur conformité avec la loi.

Les enjeux éthiques et légaux du SIGINT sont complexes et en constante évolution. Ils nécessitent un équilibre délicat entre les besoins de la sécurité nationale et le respect des droits de l'homme, tout en tenant compte des implications internationales et des réglementations en vigueur.

V. Cas Pratiques en SIGINT

Études de cas dans le domaine de la sécurité nationale

Le SIGINT a joué un rôle crucial dans diverses opérations de sécurité nationale. Par exemple, lors de la traque d'Oussama ben Laden, les services de renseignement américains ont utilisé du SIGINT pour intercepter et analyser les communications entre les membres d'Al-Qaïda. Ces informations ont été essentielles pour localiser la cachette de ben Laden au Pakistan. Dans un autre contexte, le SIGINT a été employé pour détecter et suivre les activités de groupes terroristes, en interceptant des communications qui planifiaient des attaques, ce qui a permis de les déjouer.

Exemples d'application dans le monde des affaires
Le SIGINT est également utilisé dans le monde des affaires, principalement pour des besoins de cybersécurité. Des entreprises engagent des experts en SIGINT pour surveiller les réseaux et intercepter toute communication suspecte qui pourrait indiquer une tentative de piratage ou de vol de données. Dans le secteur financier, le SIGINT peut être employé pour détecter des fraudes ou des manipulations de marché en surveillant les échanges de communications entre traders.

Utilisations dans des enquêtes criminelles
Le SIGINT est de plus en plus intégré dans les méthodologies d'enquête criminelle. Par exemple, lors de l'enquête sur le trafic de drogue, les forces de l'ordre utilisent le SIGINT pour intercepter les communications entre les dealers et les acheteurs, ce qui peut fournir des preuves cruciales pour les condamnations. Dans les cas de disparition ou d'enlèvement, le SIGINT peut aider à localiser les victimes ou les suspects en suivant les signaux de leurs téléphones portables.

Les cas pratiques montrent que le SIGINT est un outil polyvalent qui peut apporter des contributions significatives dans divers domaines. Que ce soit pour la sécurité nationale, les affaires ou les enquêtes criminelles, son impact peut être substantiel et contribuer de manière décisive à la résolution de problèmes complexes.

VI. Limitations et Défis du SIGINT

Complexité technologique

Le SIGINT est un domaine hautement spécialisé qui exige une compréhension avancée des technologies de communication et des méthodes d'analyse des données. Avec la prolifération des technologies de chiffrement et des réseaux privés virtuels (VPN), l'efficacité du SIGINT peut être sérieusement compromise. Les acteurs malveillants utilisent de plus en plus des méthodes sophistiquées pour masquer leur identité et leurs actions, ce qui rend la collecte et l'analyse des données plus complexe et moins fiable.

Coût et ressources nécessaires

La mise en place d'une infrastructure de SIGINT efficace nécessite des investissements financiers considérables. Cela va bien au-delà de l'achat de matériel spécialisé; il faut également former des experts en la matière, ce qui représente une dépense en temps et en ressources humaines. De plus, l'analyse des données collectées peut être une tâche laborieuse qui nécessite des moyens de calcul puissants, ajoutant ainsi au coût global du SIGINT.

Questions d'interopérabilité et de standardisation

L'efficacité du SIGINT dépend souvent de la capacité de différents systèmes et plateformes à travailler ensemble. Or, l'absence de standards communs peut créer des obstacles à l'interopérabilité, en particulier lorsque plusieurs agences ou pays collaborent sur une opération de renseignement. Cette fragmentation peut entraîner des retards dans la collecte et l'analyse des données, réduisant ainsi l'efficacité globale du SIGINT.

Bien que le SIGINT offre des avantages substantiels pour la collecte de renseignements, ces défis et limitations ne peuvent être ignorés. Ils nécessitent une attention constante et des efforts de développement pour que le SIGINT puisse continuer à évoluer et à rester un outil pertinent dans le paysage du renseignement moderne.

VII. Perspectives Futures

Innovations technologiques en cours et à venir

Les avancées technologiques continuent de remodeler le paysage du SIGINT. Des algorithmes plus performants aux dispositifs de collecte de données plus avancés, l'innovation est au cœur de cette discipline. Par exemple, l'utilisation de l'apprentissage machine et du big data pour automatiser l'analyse des données collectées pourrait révolutionner la manière dont le SIGINT est actuellement pratiqué. De plus, les technologies de la 5G et au-delà apporteront de nouvelles opportunités, mais aussi de nouveaux défis en matière de collecte et d'analyse de données.

Évolution des besoins et des applications

Évolution des besoins et des applications

Le SIGINT n'est pas statique; il évolue en fonction des besoins en matière de sécurité nationale, des menaces émergentes et des changements dans le paysage géopolitique. Par exemple, avec l'augmentation des cybermenaces, l'importance de la cybersécurité et, par conséquent, du SIGINT, devient de plus en plus cruciale. De nouvelles applications pourraient également émerger dans des domaines tels que la santé et l'environnement, où l'analyse des données pourrait fournir des renseignements vitaux.

Impact potentiel de l'intelligence artificielle et d'autres technologies émergentes

L'intelligence artificielle (IA) représente peut-être le plus grand potentiel de bouleversement dans le domaine du SIGINT. Des algorithmes d'IA avancés pourraient permettre une analyse en temps réel de grands volumes de données, rendant les opérations de SIGINT plus efficaces et plus précises. Cela pourrait également aider à résoudre certains des défis liés à la complexité et au coût. D'autres technologies émergentes, comme l'Internet des objets (IoT) pour la collecte de données, pourrait également avoir un impact significatif.

Dans un monde de plus en plus connecté et complexe, le SIGINT continuera à jouer un rôle essentiel dans la collecte de renseignements. En s'adaptant aux nouvelles technologies et aux besoins changeants, le SIGINT est bien placé pour demeurer un outil clé dans le paysage du renseignement moderne.

Ce chapitre a examiné les divers aspects du SIGINT, allant de ses sous-domaines, ELINT et COMINT, aux différentes applications pratiques dans les secteurs de la défense, des affaires, et des enquêtes criminelles. Il a également abordé les méthodologies employées dans la collecte et l'analyse de données, tout en mettant l'accent sur les outils et les technologies utilisés. Les enjeux éthiques et légaux ont été discutés, y compris les défis relatifs à la vie privée et aux implications internationales. Des études de cas ont été présentées pour illustrer les applications pratiques du SIGINT. Enfin, les limitations, les défis et les perspectives futures du domaine ont été explorés.

Le SIGINT demeure un pilier essentiel du renseignement dans notre monde hyperconnecté. Sa portée ne se limite pas aux sphères militaires et gouvernementales, car il trouve également des applications dans le monde des affaires, la cybersécurité, et même dans des enquêtes criminelles. À mesure que la technologie continue d'évoluer, le SIGINT s'adapte et innove, ce qui rend son rôle encore plus crucial dans les années à venir. Des avancées comme l'intelligence artificielle ont le potentiel de révolutionner la discipline, la rendant plus efficace et plus pertinente que jamais.

Le SIGINT continue d'occuper une place centrale dans le paysage complexe et en constante évolution du renseignement moderne, faisant de sa compréhension une nécessité absolue pour tous ceux qui sont impliqués dans la sécurité, le commerce, la technologie et au-delà.

Chapitre 7 : HUMINT

Dans ce chapitre nous allons voir le HUMINT (Human Intelligence): Renseignement collecté via des contacts humains.

Introduction

Alors que la plupart des formes de renseignement s'appuient sur des données, des signaux ou des technologies, le HUMINT, ou "Human Intelligence", se distingue en mettant l'accent sur la collecte d'informations directement à partir de sources humaines. Il s'agit d'une des formes les plus anciennes et les plus fondamentales du renseignement, remontant aux premières interactions diplomatiques et aux jeux d'espionnage.

Le HUMINT englobe une variété de méthodes, allant de l'infiltration et du recrutement de sources internes à l'interrogatoire de prisonniers et à l'utilisation d'agents doubles. Contrairement aux autres formes de renseignement qui peuvent être impersonnelles et mécaniques, le HUMINT nécessite des compétences interpersonnelles aiguisées, une connaissance approfondie des comportements humains et une sensibilité aux nuances culturelles.

Ce domaine du renseignement présente plusieurs avantages, notamment la possibilité d'obtenir des informations que d'autres méthodes ne peuvent pas révéler. Cependant, il vient également avec son propre ensemble de défis éthiques et moraux, y compris le risque de manipulation, de trahison et d'exploitation.

Ce chapitre abordera donc le large éventail de techniques utilisées en HUMINT, les éventuelles implications éthiques et la manière dont ce type de renseignement peut compléter d'autres formes pour donner un tableau plus complet de la situation en question.

I. Les Techniques du HUMINT

Infiltration

L'infiltration est une technique utilisée pour placer un agent ou une source à l'intérieur d'une organisation, d'un groupe ou d'un pays cible afin de collecter des renseignements. Cela peut être un processus long et complexe, car il nécessite une préparation minutieuse et un profilage en amont pour s'assurer que l'agent est le candidat idéal pour la mission. L'agent doit alors gagner la confiance des individus cibles, tout en restant discret pour ne pas éveiller les soupçons. Le but est de recueillir des informations précises et souvent sensibles, qui ne pourraient être obtenues par d'autres moyens.

Recrutement de sources internes

Le recrutement de sources internes implique l'identification et la sollicitation d'individus déjà au sein d'une organisation ou d'un gouvernement, qui sont disposés à fournir des informations en échange de diverses formes de compensation. Ces sources internes peuvent avoir accès à des documents, des plans ou des discussions à huis clos. Les agents de renseignement évaluent généralement la fiabilité, la motivation et la capacité de la source à fournir des informations utiles avant de procéder à son recrutement.

L'interrogatoire de prisonniers est une technique utilisée pour obtenir des informations à partir d'individus détenus, souvent dans un contexte militaire ou de sécurité nationale. Les méthodes d'interrogatoire varient, allant des approches non coercitives aux techniques plus agressives. Il est crucial de mener ces interrogatoires conformément aux lois et aux conventions internationales, afin de ne pas violer les droits de l'homme.

L'emploi d'agents doubles consiste à recruter des personnes qui sont déjà employées ou utilisées par une organisation cible, généralement en tant qu'espions. Ces agents doubles fournissent des informations à leur organisation d'origine tout en recueillant des renseignements pour le compte de l'entité qui les a retournés. Cette méthode est risquée mais peut fournir des informations extrêmement précieuses car l'agent double a accès à des ressources des deux côtés.

La diplomatie secrète fait référence aux négociations et aux échanges d'informations qui ont lieu en dehors des canaux officiels. Ceci peut inclure l'utilisation d'intermédiaires, d'envoyés spéciaux ou d'agents de renseignement pour communiquer avec des groupes d'intérêt ou des gouvernements étrangers. L'objectif est souvent de parvenir à des accords ou des ententes qui peuvent ne pas être possibles par des moyens ouverts, en raison de l'opinion publique ou de la sensibilité politique.

Chacune de ces techniques a ses propres avantages et

inconvénients, et le choix de la méthode dépendra de la nature de la mission, des acteurs impliqués et des informations ciblées.

II. Applications Pratiques du HUMINT

Utilisations en défense et sécurité nationale

Le HUMINT est essentiel pour la défense et la sécurité d'une nation. Il peut fournir des informations cruciales sur les intentions, les capacités et les mouvements d'une entité adverse, qu'il s'agisse d'un État-nation, d'un groupe terroriste ou d'une organisation criminelle. Par exemple, une infiltration réussie peut permettre d'identifier les leaders d'un réseau terroriste, leur localisation et leurs plans d'attaque. Le recrutement de sources internes peut également offrir un aperçu des plans stratégiques et tactiques d'un adversaire. Les informations obtenues peuvent être utilisées pour prévenir des menaces, intercepter des communications ou déjouer des attaques.

Applications dans le secteur privé

Bien que moins courant que dans le domaine de la sécurité nationale, le HUMINT trouve également des applications dans le secteur privé, notamment dans les domaines du renseignement d'affaires et de la cybersécurité. Les entreprises peuvent recruter des sources internes pour obtenir des informations sur les produits, les plans et les stratégies de leurs concurrents. L'analyse comportementale et les compétences en interrogation peuvent également être utilisées pour évaluer la menace interne ou pour enquêter sur des incidents de sécurité. De plus, le HUMINT peut aider à comprendre les besoins et les attentes des clients ou à identifier les failles de sécurité dans une organisation.

Le HUMINT joue un rôle clé dans la diplomatie et les relations internationales. Des agents peuvent être déployés pour recueillir des informations sur l'état d'esprit, les intentions et les plans d'un gouvernement étranger. Par exemple, dans le contexte de négociations sensibles sur le désarmement ou les accords commerciaux, une bonne collecte de renseignements peut donner un avantage considérable. La diplomatie secrète, souvent menée en dehors des canaux officiels, peut également s'appuyer sur des méthodes de HUMINT pour faciliter les négociations ou résoudre des conflits.

En somme, le HUMINT est une forme de renseignement extrêmement polyvalente qui trouve des applications dans une variété de domaines, allant de la sécurité nationale à l'entreprise en passant par la diplomatie. Chaque domaine a ses spécificités, mais tous profitent de l'aptitude du HUMINT à fournir des informations que d'autres formes de renseignement ne peuvent pas offrir.

III. Méthodologies dans le HUMINT

Évaluation des sources

L'évaluation des sources est une étape cruciale dans la méthodologie du HUMINT. Avant de recueillir des informations, il est indispensable de vérifier la crédibilité, la fiabilité et l'exactitude de la source. Cela comprend une analyse du contexte dans lequel la source opère, de son historique, de ses motivations et de ses éventuels biais. Des critères bien établis sont utilisés pour évaluer chaque source.

Formation des agents

La formation des agents est un autre élément fondamental du HUMINT. Les agents doivent être formés non seulement dans les techniques d'espionnage et de collecte d'informations, mais aussi dans les compétences interpersonnelles, la psychologie et la sensibilité culturelle. Une formation rigoureuse en matière d'éthique est également essentielle, étant donné les dilemmes moraux auxquels les agents peuvent être confrontés sur le terrain.

Techniques d'interrogation

Les techniques d'interrogation sont des méthodes spécifiques employées pour extraire des informations d'une personne. Elles varient en fonction du contexte et de l'objectif, mais peuvent inclure des techniques psychologiques, comme la manipulation ou la persuasion, ainsi que des méthodes plus directes. Il est crucial que ces techniques soient conformes aux lois et aux principes éthiques, surtout lorsque l'interrogatoire concerne des prisonniers ou d'autres individus en position vulnérable.

La gestion des actifs humains fait référence à l'ensemble des procédures et des politiques visant à gérer les sources de renseignement humain de manière efficace et éthique. Cela comprend le recrutement, le suivi, la protection et, le cas échéant, l'exfiltration de ces actifs. La gestion efficace des actifs humains est essentielle pour maintenir la qualité et l'intégrité des informations collectées, ainsi que pour assurer la sécurité des sources impliquées.

Les méthodologies en HUMINT sont aussi variées que les contextes dans lesquels elles sont appliquées. Cependant, elles partagent toutes un engagement envers l'efficacité, la précision et l'éthique dans la collecte d'informations. C'est cette rigueur méthodologique qui donne au HUMINT sa puissance et sa pertinence dans le paysage complexe du renseignement moderne.

IV. Enjeux Éthiques et Moraux

Questions de manipulation et de trahison

Le HUMINT est un domaine du renseignement où les questions éthiques sont particulièrement aiguës, notamment en ce qui concerne la manipulation et la trahison. Le fait de convaincre une personne de fournir des informations confidentielles, souvent au risque de sa propre sécurité, pose d'importantes questions éthiques. De plus, l'usage d'agents doubles, qui semblent loyaux à une organisation tout en travaillant secrètement pour une autre, ajoute une couche de complexité éthique. La trahison peut avoir des conséquences dévastatrices, y compris la perte de vies humaines, ce qui rend ces dilemmes particulièrement graves.

Exploitation des sources

L'exploitation des sources, qu'elles soient volontaires ou contraintes, est un autre enjeu majeur. Il peut être tentant pour les agents de HUMINT de prioriser la collecte d'informations au détriment du bien-être de la source. Ce risque est particulièrement élevé dans des contextes où les sources sont vulnérables, comme les prisonniers ou les individus en situation de détresse économique ou sociale. Les normes éthiques et les protocoles doivent être strictement appliqués pour éviter toute forme d'exploitation.

Considérations culturelles et religieuses

La collecte de renseignements humains ne se fait pas dans un vide culturel ou religieux. Les agents de HUMINT doivent être sensibles aux diverses normes et valeurs qui régissent le comportement humain dans différentes sociétés. Le manque de sensibilité ou de compréhension de ces aspects peut non seulement compromettre une opération, mais aussi engendrer un sentiment de ressentiment ou d'hostilité envers l'organisation de renseignement.

Les défis éthiques et moraux en HUMINT sont vastes et complexes, nécessitant une réflexion approfondie et des protocoles stricts. Le non-respect de ces principes éthiques peut non seulement compromettre la qualité du renseignement recueilli, mais aussi nuire à la réputation de l'organisation et mettre en danger des vies humaines. Ainsi, la dimension éthique doit être intégrée à toutes les étapes du processus de HUMINT, de la formation des agents à la gestion des actifs et à l'analyse des renseignements.

V. Cas Pratiques en HUMINT

Études de cas historiques

Le HUMINT a joué un rôle critique dans de nombreux moments charnières de l'histoire. Pendant la Seconde Guerre mondiale, par exemple, les réseaux de résistance ont fourni des informations vitales sur les positions et les plans ennemis. En outre, les figures telles que Mata Hari durant la Première Guerre mondiale ou encore Kim Philby durant la guerre froide illustrent la complexité et les enjeux du renseignement humain. Ces cas montrent à la fois les succès et les échecs du HUMINT, avec des leçons précieuses sur les dangers d'infiltrations mal gérées ou de la sous-estimation de l'ennemi.

À l'ère moderne, le HUMINT reste crucial dans divers contextes, de la lutte contre le terrorisme à la diplomatie secrète. Les informateurs locaux sont souvent des acteurs clés dans l'identification et la neutralisation des menaces terroristes. Dans le monde des affaires, le renseignement compétitif peut être recueilli grâce à des sources humaines, bien que cela puisse parfois frôler les limites de l'éthique et de la légalité. L'arrestation de trafiquants de drogue ou la résolution d'affaires criminelles complexes sont d'autres domaines où le HUMINT a montré sa valeur.

Leçons apprises et meilleures pratiques

Les études de cas en HUMINT offrent plusieurs leçons importantes. Premièrement, l'importance de la formation et de la préparation des agents ne peut pas être sous-estimée. Deuxièmement, l'identification et la gestion appropriées des risques, y compris les risques éthiques, sont essentielles pour le succès d'une opération. Enfin, l'évaluation continue des sources, ainsi que la validation croisée des informations avec d'autres formes de renseignement, peuvent considérablement augmenter la fiabilité et la valeur de l'information recueillie.

Ces cas pratiques en HUMINT soulignent la complexité et la diversité des applications de ce type de renseignement. Ils rappellent également l'importance de prendre en compte à la fois les facteurs humains et éthiques dans la conduite des opérations de renseignement.

Risques liés à la dépendance à des sources humaines

L'une des principales limitations du HUMINT est la fiabilité des sources humaines. Contrairement aux données collectées par des moyens techniques, les informations provenant de sources humaines peuvent être sujettes à des biais, des erreurs, voire de la désinformation. De plus, le risque de trahison ou de double jeu est toujours présent, ce qui peut avoir des conséquences graves, allant jusqu'à la compromission de missions ou la perte de vies humaines.

Complexités de la gestion d'actifs

La gestion d'actifs en HUMINT est un exercice complexe qui exige des compétences en psychologie, en négociation et en évaluation des risques. Cela implique de gérer non seulement l'information, mais aussi les émotions et les motivations des informateurs. Une mauvaise gestion peut entraîner la perte de sources précieuses ou l'échec de missions cruciales. La sélection, le recrutement, et la formation des agents doivent donc être rigoureusement gérés pour minimiser ces risques.

Questions de sécurité et de confidentialité

Enfin, le HUMINT comporte des défis majeurs en matière de sécurité et de confidentialité. La protection de l'identité des sources est cruciale, et les fuites peuvent avoir des répercussions catastrophiques pour les individus concernés. De plus, la collecte d'informations par des moyens humains peut parfois nécessiter des actions clandestines ou semi-clandestines, ce qui pose des risques supplémentaires en termes de légalité et de perception publique.

Ces limitations et défis montrent que, bien que le HUMINT soit une composante indispensable du paysage du renseignement, il ne peut pas être efficace en isolation. Il doit être complémenté par d'autres formes de renseignement et être soumis à des contrôles rigoureux pour minimiser les risques et maximiser son efficacité.

VII.   Complémentarité   avec   d'autres   formes   de Renseignement

Interaction avec le SIGINT et le MASINT

Le HUMINT peut être grandement renforcé par l'intégration d'autres formes de renseignement comme le SIGINT (Renseignement d'origine électromagnétique) et le MASINT (Renseignement d'origine électromagnétique avancé). Par exemple, les données de SIGINT peuvent corroborer ou remettre en question les informations fournies par des sources humaines, offrant ainsi une validation croisée. De même, le MASINT peut fournir des données physiques, comme des mesures thermiques ou sismiques, qui peuvent compléter les rapports humains.

Le HUMINT joue un rôle crucial dans ce que l'on appelle le renseignement intégré. Cette approche cherche à fusionner des données de différentes branches du renseignement pour obtenir une image plus complète et nuancée de la situation. Le renseignement humain peut fournir le contexte et la compréhension des motivations qui manquent souvent aux formes de renseignement purement techniques, rendant l'analyse globale plus riche et plus précise.

Plusieurs opérations ont été couronnées de succès grâce à l'utilisation d'une approche multi-disciplinaire en matière de renseignement. Par exemple, la localisation et l'élimination de personnalités clés du terrorisme ont souvent été le résultat de l'interaction synergique entre le HUMINT pour les informations contextuelles, le SIGINT pour les communications interceptées, et le MASINT pour des données physiques comme la géolocalisation. De même, dans le domaine du contre-espionnage, des agents doubles peuvent être plus efficacement gérés et exploités lorsque les données HUMINT sont corroborées par des analyses SIGINT ou MASINT.

La complémentarité entre le HUMINT et d'autres formes de renseignement est non seulement souhaitable, mais souvent indispensable pour aborder les défis complexes du monde moderne. En combinant les forces de chaque discipline, les

161

agences de renseignement sont mieux équipées pour comprendre et réagir efficacement aux menaces et aux opportunités.

VIII. Perspectives Futures

Évolution du rôle du HUMINT dans le contexte du renseignement moderne

À l'ère de la numérisation et de la cybersécurité, le HUMINT ne perd pas de son importance mais évolue pour s'intégrer dans un écosystème de renseignement de plus en plus complexe. Bien que les méthodes technologiques de collecte d'informations continuent de se développer à un rythme rapide, le besoin d'une compréhension humaine nuancée des situations reste crucial. Le HUMINT est de plus en plus utilisé en tandem avec d'autres formes de renseignement pour fournir une image complète et multidimensionnelle des enjeux sécuritaires, politiques et économiques.

Impact potentiel des technologies émergentes sur le HUMINT

Les technologies émergentes telles que l'intelligence artificielle, la réalité virtuelle, et les réseaux sociaux ont un impact considérable sur le HUMINT. Par exemple, les algorithmes d'IA peuvent aider à trier et à analyser de grandes quantités de données pour identifier des cibles ou des opportunités de renseignement potentielles. La réalité virtuelle peut être utilisée pour la formation d'agents dans des scénarios hyper-réalistes. Cependant, ces technologies posent également des défis, notamment en termes de vérification de l'information et de protection contre la désinformation.

Besoins futurs en formation et en compétences

L'évolution rapide des technologies et la nature multidisciplinaire du renseignement moderne exigent une formation continue et le développement de compétences nouvelles pour les agents de HUMINT. En plus des compétences traditionnelles comme les techniques d'interrogation et l'évaluation des sources, une familiarité accrue avec les technologies numériques et les cybermenaces est de plus en plus nécessaire. Il en va de même pour une compréhension culturelle et linguistique plus profonde, compte tenu de la globalisation et de la complexité croissante des théâtres d'opération.

Dans ce contexte en rapide évolution, le HUMINT reste un pilier du renseignement, mais il doit s'adapter et évoluer pour répondre aux défis et aux opportunités du monde moderne. Le développement de nouvelles compétences et l'intégration judicieuse de technologies émergentes sont essentiels pour maintenir l'efficacité et la pertinence du HUMINT dans le paysage changeant du renseignement.

Conclusion

Résumé des points clés du chapitre

Ce chapitre a exploré le vaste domaine du HUMINT, ou "Human Intelligence", en mettant l'accent sur sa singularité et sa complexité. Nous avons discuté des différentes techniques employées en HUMINT, y compris l'infiltration, le recrutement de sources internes, l'interrogatoire de prisonniers, l'utilisation d'agents doubles et la diplomatie secrète. Nous avons également abordé les applications pratiques de cette forme de renseignement dans divers secteurs tels que la défense, la sécurité nationale, et même le monde des affaires et la diplomatie. La méthodologie dans le HUMINT, notamment l'évaluation des sources, la formation des agents, et la gestion des actifs humains, a été un autre point de focalisation. Les questions éthiques et morales inhérentes au HUMINT ont été analysées, suivies d'études de cas et de discussions sur ses limitations et défis.

Importance continue du HUMINT dans le paysage complexe du renseignement moderne

Dans un monde de plus en plus interconnecté et numérisé, l'importance du HUMINT demeure non seulement pertinente mais aussi vitale. Bien que nous disposions de technologies de plus en plus sophistiquées pour la collecte d'informations, la compréhension humaine, les relations et les nuances que seule une source humaine peut fournir demeurent irremplaçables. Le HUMINT continue de compléter efficacement d'autres formes de renseignement, créant ainsi une image plus complète et multidimensionnelle des menaces et opportunités actuelles. La capacité du HUMINT à s'adapter et à évoluer dans ce paysage complexe, en intégrant de nouvelles technologies et en répondant à des questions éthiques et morales, garantit son rôle continu comme l'une des formes de renseignement les plus précieuses.

Ainsi, bien que confronté à des défis constants et à un environnement en mutation rapide, le HUMINT reste un pilier essentiel dans le domaine du renseignement. Son intégration harmonieuse avec d'autres types de renseignement et son évolution pour intégrer de nouvelles technologies et compétences garantissent son importance continue dans la sécurité et la prospérité globales.

Chapitre 8 : IMINT

Dans ce chapitre nous allons voir le IMINT (Imagery Intelligence): Analyse d'images et de vidéos.

Introduction

À l'ère où une image vaut mille mots, la capacité de décoder des photographies, des vidéos et des autres formes de données visuelles est devenue une compétence inestimable pour le renseignement. C'est là que le IMINT, ou "Imagery Intelligence", entre en jeu. Ce domaine se concentre sur l'analyse d'images et de vidéos pour collecter des informations qui peuvent être essentielles à des fins de sécurité nationale, de planification militaire, ou même de gestion des catastrophes naturelles.

L'IMINT utilise diverses sources, des photos satellites à haute résolution aux images capturées par des drones ou même des photographies prises sur le terrain par des agents de renseignement. Avec l'avènement de la technologie, le IMINT a évolué pour inclure l'analyse assistée par ordinateur, l'utilisation de l'intelligence artificielle pour le traitement d'image, et même la reconnaissance faciale.

Les applications de l'IMINT sont variées. Elles peuvent servir à identifier des sites d'intérêt militaire, à suivre les déplacements de troupes ennemies, ou même à évaluer l'ampleur des dégâts suite à une catastrophe naturelle. L'analyse peut devenir très spécialisée, incluant par exemple l'étude de la topographie, des conditions météorologiques ou des activités humaines visibles sur les images.

Ce chapitre vous plongera dans le monde fascinant du IMINT,

explorant les technologies utilisées, les méthodologies d'analyse et les implications éthiques de cette forme unique de renseignement.

Cette discipline en chevauche d'autres en termes de renseignements.

I. Les Sources du IMINT

Photos satellites à haute résolution

Les satellites constituent l'une des sources les plus couramment utilisées en IMINT. Grâce à la technologie de haute résolution, ces appareils peuvent capturer des images extrêmement détaillées de vastes zones géographiques. Ces images sont cruciales pour la surveillance à grande échelle, la reconnaissance de sites d'intérêt militaire ou stratégique, et l'analyse des changements environnementaux. Les photos satellites sont souvent utilisées par les gouvernements, mais aussi par les organisations internationales pour diverses missions, y compris la surveillance de la prolifération nucléaire.

Drones et leurs capteurs

Les drones sont devenus un outil de plus en plus essentiel pour le renseignement d'imagerie. Ils offrent plusieurs avantages, y compris la flexibilité, la mobilité et la capacité à capturer des images en temps réel. Les capteurs sur les drones peuvent varier, allant de caméras haute définition à des capteurs thermiques et même des radars. Ils sont particulièrement utiles pour des missions nécessitant une grande discrétion ou un accès à des zones difficilement atteignables par d'autres moyens.

Malgré l'avancée de la technologie, les photographies prises sur le terrain par des agents de renseignement ou des informateurs demeurent une source d'information précieuse. Ces images peuvent fournir des détails très spécifiques que les autres sources ne peuvent pas offrir, comme des informations sur des activités à l'intérieur de bâtiments ou des installations souterraines. De plus, elles peuvent être utilisées pour vérifier et compléter les données obtenues par d'autres moyens, offrant ainsi une vue plus complète de la situation.

En plus des sources traditionnelles, d'autres formes d'imagerie peuvent être utilisées en IMINT. Il s'agit notamment des images provenant de la surveillance CCTV, des caméras embarquées sur des véhicules ou des aéronefs, et même des photographies et vidéos partagées sur les réseaux sociaux. Ces sources peuvent être particulièrement utiles pour des analyses plus fines, comme le suivi des mouvements individuels ou l'évaluation de l'opinion publique dans une région donnée.

Chacune de ces sources a ses propres avantages, limitations et domaines d'application, ce qui rend leur combinaison souvent nécessaire pour obtenir une image complète et précise de la situation étudiée en IMINT.

II. Technologies Utilisées dans l'IMINT

Analyse assistée par ordinateur

L'avènement de l'informatique a révolutionné le domaine de l'IMINT. Aujourd'hui, des algorithmes sophistiqués permettent d'analyser rapidement de grandes quantités de données visuelles, identifiant des éléments clés qui seraient difficiles, voire impossibles, à détecter par l'œil humain. Ces outils offrent également la possibilité de comparer des images dans le temps pour repérer des changements, un atout précieux dans la surveillance à long terme et l'analyse des tendances.

Intelligence artificielle pour le traitement d'image

L'intelligence artificielle (IA) et le machine learning sont en train de transformer le champ de l'IMINT en automatisant des tâches autrefois manuelles et en accélérant le processus d'analyse. Des algorithmes de traitement d'image basés sur l'IA peuvent identifier des objets ou des activités spécifiques dans les images, reconnaître des modèles et même prédire des événements futurs à partir de données visuelles. Ces technologies sont particulièrement utiles dans des contextes où les volumes de données sont élevés et où l'analyse rapide est cruciale.

Reconnaissance faciale

La reconnaissance faciale est une sous-catégorie de l'IA qui se concentre sur l'identification et la vérification des individus à partir de leurs caractéristiques faciales. Cette technologie est largement utilisée dans des domaines allant de la sécurité intérieure à la lutte contre le terrorisme. Elle peut aider à identifier des individus d'intérêt dans des foules ou à vérifier l'identité de personnes entrant dans des zones à accès restreint.

La géolocalisation est une technologie clé pour l'IMINT, permettant de situer avec précision les objets ou les activités capturés dans les images. Les outils de géolocalisation utilisent diverses méthodes, y compris les systèmes de positionnement global (GPS), les données cartographiques, et les éléments de repérage dans les images elles-mêmes pour déterminer les coordonnées exactes des sujets d'intérêt.

En somme, la technologie joue un rôle croissant dans le domaine de l'IMINT, rendant l'analyse plus rapide, plus précise et plus complète. Le mélange d'outils et de technologies utilisés dépend souvent de la mission, et il est courant de voir une combinaison de plusieurs de ces technologies pour répondre aux besoins spécifiques d'un projet d'IMINT.

III. Méthodologies d'Analyse en IMINT

Étude de la topographie

L'analyse topographique est cruciale pour comprendre le contexte spatial dans lequel une image a été prise. Elle peut révéler des éléments tels que les voies d'accès, les obstacles naturels et les avantages tactiques de certains terrains. Cette forme d'analyse est particulièrement utile dans des scénarios de défense et de sécurité nationale, où elle peut aider à planifier des missions ou à identifier des sites stratégiques.

Évaluation des conditions météorologiques

Les conditions météorologiques peuvent avoir un impact significatif sur la qualité et l'utilité des images collectées. Par exemple, les images satellitaires ou aériennes prises par mauvais temps peuvent être moins claires. L'évaluation des conditions météorologiques permet donc non seulement de juger de la fiabilité de l'image, mais aussi de comprendre les conditions dans lesquelles les activités capturées ont lieu. Cette information peut être essentielle pour des opérations telles que le déploiement de troupes ou la gestion des catastrophes naturelles.

Analyse des activités humaines

L'IMINT n'est pas seulement utile pour analyser des terrains ou des structures; il est également précieux pour observer les activités humaines. Que ce soit pour suivre les déplacements de groupes armés, surveiller les flux migratoires ou évaluer l'impact humain sur l'environnement, les méthodes d'analyse doivent être adaptées pour capter des nuances souvent subtiles et complexes.

Techniques de reconnaissance de patterns

La reconnaissance de modèles ou "patterns" est un aspect central de l'IMINT. Que ce soit pour identifier des installations militaires dissimulées ou pour suivre les mouvements de véhicules ou de personnes sur une période donnée, les techniques de reconnaissance de modèles permettent aux analystes de repérer des anomalies ou des schémas qui pourraient autrement passer inaperçus. Avec l'IA, ces techniques sont devenues plus sophistiquées, permettant une analyse plus approfondie et plus rapide.

En conclusion, l'IMINT utilise une variété de méthodologies d'analyse pour interpréter les données visuelles. Chacune de ces méthodes apporte une couche supplémentaire de compréhension, transformant de simples images en renseignements précieux. L'approche méthodologique adoptée dans chaque cas dépendra du type de renseignements recherchés et des conditions spécifiques de la collecte de données.

IV. Applications Pratiques du IMINT

Défense et sécurité nationale

L'IMINT joue un rôle crucial dans la défense et la sécurité nationale. Il permet d'identifier des installations militaires ennemies, de suivre les mouvements de troupes et de véhicules, et de surveiller les activités suspectes à l'intérieur et à l'extérieur des frontières. L'information ainsi recueillie peut être utilisée pour évaluer des menaces potentielles et pour prendre des décisions stratégiques.

Planification militaire

Dans le domaine militaire, l'IMINT sert à la planification d'opérations, allant des manœuvres tactiques aux stratégies globales. Par exemple, les images à haute résolution peuvent révéler des détails tels que le type d'armement ou les fortifications qui ne sont pas visibles par d'autres moyens. Cela permet de planifier des attaques ciblées, de trouver des voies d'approche sécurisées et de minimiser les risques pour les troupes.

Gestion des catastrophes naturelles

L'IMINT est également précieux dans la gestion des catastrophes naturelles. Des images satellites et aériennes peuvent être utilisées pour évaluer l'ampleur des dégâts, identifier les zones à risque et planifier des routes d'évacuation. Les méthodes d'analyse peuvent aussi inclure l'évaluation des conditions météorologiques pour anticiper des événements comme les inondations ou les incendies de forêt.

Surveillance environnementale

La surveillance environnementale est une autre application clé de l'IMINT. Les images peuvent être utilisées pour suivre des phénomènes comme la déforestation, l'érosion du sol, ou les changements dans les habitats marins. Cette surveillance peut aider à la prise de décisions pour la conservation, et peut également servir de preuve en cas de violation des réglementations environnementales.

Dans l'ensemble, l'IMINT est une forme de renseignement extrêmement versatile, capable de servir une multitude d'applications pratiques. Sa capacité à fournir des informations détaillées dans divers contextes en fait un outil indispensable pour les gouvernements, les forces armées, et d'autres organisations engagées dans des activités allant de la sécurité nationale à la protection de l'environnement.

Vie privée et surveillance

L'un des enjeux majeurs de l'IMINT est la question de la vie privée. La capacité à surveiller à grande échelle grâce à des images à haute résolution pose des questions éthiques sur la limite entre la sécurité nationale et l'intrusion dans la vie privée des individus. Cela est particulièrement problématique lorsque les images capturées sont utilisées de manière abusive ou discriminatoire.

Utilisation responsable de la technologie

L'IMINT est un outil puissant qui, entre de mauvaises mains, peut être utilisé de manière irresponsable. L'usage de technologies comme la reconnaissance faciale et l'intelligence artificielle doit être réglementé pour éviter des abus tels que la surveillance de masse ou l'identification incorrecte des individus. La transparence dans l'application de ces technologies est également nécessaire pour maintenir la confiance du public.

Réglementations nationales et internationales

L'utilisation de l'IMINT est souvent encadrée par des réglementations à la fois nationales et internationales. Par exemple, l'acquisition d'images satellites de certaines régions peut être restreinte par des accords internationaux. De même, le partage d'informations entre pays peut être soumis à des contraintes légales. La conformité à ces réglementations est cruciale pour assurer une utilisation éthique et légale de l'IMINT.

Les enjeux éthiques et légaux de l'IMINT ne sont pas à prendre à la légère. Ils nécessitent une attention et une réflexion constantes pour équilibrer les besoins de sécurité et de renseignement avec le respect des droits individuels et collectifs. Les instances dirigeantes et les opérateurs de cette technologie se doivent de prendre en compte ces aspects dans le but de maintenir un équilibre délicat entre efficacité et éthique.

VI. Limitations et Défis du IMINT

Questions de résolution et de qualité d'image

L'un des principaux défis en IMINT est la résolution et la qualité des images collectées. Des facteurs tels que les conditions météorologiques, la luminosité et la distance peuvent affecter la clarté et donc l'utilité des images. Une résolution insuffisante peut rendre difficile la détection de petits objets ou de détails cruciaux, limitant ainsi l'efficacité de l'analyse.

Dépendance à la technologie

L'IMINT repose fortement sur des technologies de pointe, des systèmes de satellites aux drones et aux algorithmes d'intelligence artificielle. Cette dépendance peut rendre le système vulnérable à des pannes technologiques, des cyberattaques ou des obsolescences. De plus, la maintenance et la mise à jour constantes des technologies sont coûteuses et nécessitent une expertise spécialisée.

Complexités de l'analyse de données

L'IMINT génère d'énormes volumes de données qui doivent être analysés rapidement et précisément pour être utiles. Cette analyse nécessite non seulement des algorithmes sophistiqués, mais aussi des analystes humains hautement qualifiés pour interpréter les résultats. La complexité de l'analyse peut être exacerbée lorsque les données doivent être croisées avec d'autres formes de renseignements, nécessitant une expertise multidisciplinaire.

Ces défis et limitations ne rendent pas l'IMINT inutile; au contraire, ils soulignent les domaines qui nécessitent une attention et une amélioration continues. La résolution de ces problèmes nécessite des investissements en recherche et développement, ainsi qu'une formation adéquate des analystes pour optimiser l'efficacité de l'IMINT dans le paysage complexe du renseignement moderne.

VII. Perspectives Futures

Innovations technologiques à venir

L'avenir de l'IMINT est étroitement lié aux avancées technologiques. On peut s'attendre à des améliorations significatives en termes de résolution d'image, de capteurs et de technologies de traitement des données. Des drones plus avancés, des satellites à plus haute résolution et des algorithmes d'analyse d'image plus efficaces sont autant de domaines où des innovations sont en cours ou prévues.

179

Intégration de l'IA et autres technologies émergentes
L'intelligence artificielle (IA) jouera un rôle de plus en plus important dans l'IMINT. Elle pourrait améliorer l'automatisation de l'analyse des données visuelles, de la reconnaissance de formes à la prédiction de comportements basée sur les données visuelles. D'autres technologies émergentes, telles que la réalité augmentée et la blockchain, pourraient également trouver des applications dans l'amélioration de la collecte, du stockage et de l'analyse de données en IMINT.

Besoins futurs en compétences et en formation
Avec l'évolution rapide de la technologie, les besoins en compétences pour l'IMINT évolueront également. Une formation plus poussée en analyse de données, en IA et en cyber-sécurité sera nécessaire pour les analystes. En plus des compétences techniques, les futurs professionnels de l'IMINT devront être formés aux questions éthiques et légales qui deviennent de plus en plus prévalentes dans ce domaine.

L'IMINT a un chemin passionnant à parcourir, avec des innovations qui pourraient révolutionner la manière dont nous collectons et analysons les données visuelles. Toutefois, cela nécessite une attention constante aux défis et aux limitations, ainsi qu'un investissement continu dans la formation et le développement technologique pour rester à la pointe de ce domaine essentiel du renseignement.

Conclusion

Résumé des points clés

Au cours de ce chapitre, nous avons exploré les multiples facettes du IMINT, ou "Imagery Intelligence". Nous avons abordé les différentes sources d'imagerie, y compris les photos satellites, les drones et les photos sur le terrain. La technologie joue un rôle crucial dans l'IMINT, notamment à travers l'analyse assistée par ordinateur, l'intelligence artificielle et la reconnaissance faciale. Les méthodologies d'analyse en IMINT sont variées et spécialisées, allant de l'étude de la topographie à l'analyse des activités humaines.

Les applications pratiques du IMINT s'étendent de la défense et de la sécurité nationale à la gestion des catastrophes naturelles et à la surveillance environnementale. Cependant, ce domaine n'est pas exempt de défis et de controverses, notamment en ce qui concerne les questions éthiques et légales liées à la vie privée et à la surveillance.

Importance continue du IMINT dans le paysage du renseignement moderne

Dans un monde de plus en plus numérisé et interconnecté, l'importance du IMINT ne peut être sous-estimée. Il offre des perspectives uniques qui peuvent compléter d'autres formes de renseignement comme le SIGINT ou le HUMINT. Avec l'avènement de technologies plus avancées, le IMINT est en voie de devenir encore plus précis, plus accessible et plus intégrable dans des systèmes de renseignement plus vastes.

La valeur du IMINT réside dans sa capacité à fournir une vision claire et souvent indiscutable des terrains, des activités et des infrastructures. Il est donc crucial de continuer à investir dans ce domaine, tant en termes de technologies que de formation des analystes, pour s'assurer que le IMINT continue de jouer son rôle indispensable dans le paysage complexe et en constante évolution du renseignement moderne.

Ainsi, le IMINT demeure un pilier essentiel dans le monde du renseignement, un domaine qui ne cesse de se développer en symbiose avec les avancées technologiques et méthodologiques.

Chapitre 9 : FININT

Dans ce chapitre nous allons voir le FININT (Financial Intelligence): Renseignement basé sur l'analyse de transactions financières.

Introduction

Dans un monde où chaque transaction laisse une empreinte digitale, le FININT, ou "Financial Intelligence", est devenu un outil incontournable pour les agences de renseignement. Ce domaine se concentre sur l'analyse des flux financiers, des transactions et des modèles économiques pour recueillir des informations essentielles à des fins diverses, qu'il s'agisse de lutter contre le financement du terrorisme, de traquer les flux d'argent illicites ou de comprendre les mécanismes économiques d'un pays rival.

Le FININT utilise un large éventail de sources, allant des relevés bancaires aux rapports financiers publics, en passant par les déclarations fiscales. Un élément particulièrement pertinent dans le paysage actuel est l'analyse des cryptomonnaies. Ces monnaies numériques, souvent non régulées, posent de nouveaux défis en matière de traçabilité et ont révolutionné la manière dont les transactions illicites peuvent être menées et dissimulées.

Avec le développement de la technologie, le FININT intègre désormais des outils analytiques avancés, tels que le machine learning et le big data, pour filtrer et interpréter des volumes massifs de données financières.

L'importance du FININT ne se limite pas aux questions de sécurité nationale. Il joue également un rôle crucial dans la réglementation financière, la détection de la fraude et la mise en place de sanctions économiques. Néanmoins, il pose également des questions délicates en matière d'éthique et de vie privée, notamment concernant la collecte et l'utilisation de données financières personnelles sans consentement.

Ce chapitre explorera donc les différents aspects du FININT, des méthodologies aux outils technologiques, en passant par les défis éthiques et les cas d'application concrets.

I. Les Sources du FININT

Le FININT, ou "Financial Intelligence", repose sur une variété de sources d'information pour accomplir ses missions, qu'il s'agisse de lutter contre le financement du terrorisme, de détecter la fraude fiscale ou d'analyser les flux économiques à l'échelle mondiale. Les sources d'information varient en fonction de la qualité, de la fiabilité et du niveau de détail qu'elles fournissent. Voici quelques-unes des principales sources utilisées dans le domaine du FININT.

Relevés Bancaires et Transactions Financières

Les relevés bancaires et les transactions financières sont parmi les sources d'information les plus couramment utilisées en FININT. Ces documents permettent de suivre les flux d'argent entre différentes entités, d'identifier les transactions suspectes et de détecter des modèles de comportement financier. Les agences de renseignement peuvent obtenir ces informations par des voies légales, notamment par des demandes de renseignements aux institutions financières.

Les entreprises publiques sont souvent tenues de divulguer leurs états financiers. Ces documents, disponibles au public, peuvent être extrêmement utiles pour évaluer la santé financière d'une entreprise et identifier les flux de capitaux qui pourraient être liés à des activités illicites ou suspectes.

Les déclarations fiscales peuvent aussi fournir des renseignements précieux. Elles contiennent des informations détaillées sur les revenus, les dépenses et les transactions d'une personne ou d'une entité. Cela peut aider à identifier des irrégularités, comme des revenus non déclarés ou des déductions fiscales inhabituelles, qui pourraient être le signe d'activités illégales.

Avec l'émergence des cryptomonnaies, le FININT a dû s'adapter pour suivre les transactions financières dans un espace numérique souvent non régulé. Les cryptomonnaies posent un défi particulier en raison de leur nature décentralisée, ce qui rend plus difficile la traçabilité des transactions. Cependant, des outils spécialisés ont été développés pour analyser les blockchains et suivre les flux de cryptomonnaies, ce qui ouvre de nouvelles voies pour le FININT.

Chacune de ces sources a ses avantages et ses inconvénients, et c'est souvent la combinaison de plusieurs d'entre elles qui permet d'obtenir une image complète et fiable d'une situation financière.

II. Technologies Utilisées dans le FININT

Le paysage technologique du FININT a considérablement évolué ces dernières années, grâce à l'adoption croissante de technologies avancées. Ces outils permettent d'analyser des volumes massifs de données financières, de détecter des modèles complexes et même de prédire des comportements futurs. Voici quelques-unes des technologies clés actuellement en usage dans le domaine du FININT.

Machine Learning pour l'Analyse des Données

Le machine learning, une branche de l'intelligence artificielle, joue un rôle de plus en plus crucial dans le FININT. Des algorithmes de machine learning peuvent être entraînés pour identifier des modèles de transactions suspectes, détecter des anomalies et même prédire des activités illicites. En automatisant ces tâches, le machine learning permet aux analystes de se concentrer sur des cas plus complexes et nécessitant une expertise humaine.

Big Data et son Rôle dans le Filtrage de l'Information

Le terme "Big Data" fait référence à des ensembles de données si volumineux et complexes qu'ils nécessitent des méthodes de traitement de données plus avancées pour être analysés efficacement. Dans le FININT, le Big Data peut être utilisé pour filtrer d'immenses volumes de transactions et d'informations financières. Cela permet de repérer plus rapidement des signaux faibles ou des anomalies qui pourraient autrement passer inaperçus.

La visualisation des données est un autre outil puissant pour les analystes en FININT. Des logiciels de visualisation permettent de créer des modèles graphiques de réseaux financiers, facilitant ainsi l'identification de relations suspectes et la compréhension de structures financières complexes. De plus, la modélisation permet d'effectuer des simulations pour anticiper les impacts de certains événements sur des systèmes financiers.

La conformité réglementaire est une préoccupation majeure dans le domaine financier. Des logiciels spécialisés sont utilisés pour assurer que les institutions financières respectent les lois et les régulations en vigueur. Ces outils peuvent effectuer des vérifications automatiques des transactions, générer des rapports pour les organismes de réglementation et alerter les responsables en cas d'activités suspectes.

En somme, les technologies utilisées en FININT sont en constante évolution et offrent de nouvelles opportunités pour améliorer la précision et l'efficacité du renseignement financier. Leur intégration judicieuse est essentielle pour aborder les défis complexes posés par la surveillance financière dans le monde moderne.

III. Méthodologies d'Analyse en FININT

L'efficacité du renseignement financier repose non seulement sur les technologies avancées, mais aussi sur des méthodologies d'analyse rigoureuses. Ces méthodologies permettent de tirer le meilleur parti des données disponibles et de formuler des conclusions éclairées. Voici quelques approches clés utilisées dans le domaine du FININT.

Suivi des Flux de Capitaux

Le suivi des mouvements de capitaux est une composante essentielle du FININT. Cela inclut la traçabilité des transactions internationales, des investissements directs et même des transferts moins conventionnels comme ceux impliquant des cryptomonnaies. Le but est de comprendre l'origine, la destination et le but des mouvements de fonds, ce qui peut fournir des indices sur des activités illégales comme le blanchiment d'argent ou le financement du terrorisme.

Identification des Activités Suspectes

L'identification des activités suspectes consiste à repérer des anomalies dans les schémas transactionnels. Cela peut inclure des transactions à des heures inhabituelles, des montants disproportionnés ou des motifs récurrents qui ne correspondent pas à des comportements financiers normaux. Ces anomalies, une fois identifiées, font souvent l'objet d'une enquête plus approfondie.

Analyse des Modèles Économiques

Comprendre les modèles économiques d'une entreprise ou d'une organisation peut fournir des informations précieuses sur sa structure financière, ses motivations et ses activités. Cette analyse peut inclure l'étude des revenus, des dépenses, des investissements et d'autres facteurs financiers. Dans certains cas, une analyse minutieuse peut révéler des modèles économiques conçus pour dissimuler des activités illégales ou non éthiques.

Études de Réseaux Financiers

La finance moderne est interconnectée à un degré sans précédent. Les études de réseaux financiers visent à cartographier ces connexions pour mieux comprendre la structure et le fonctionnement des marchés financiers. Ces études peuvent aider à identifier les points nodaux, les flux d'information et les acteurs clés dans des systèmes financiers complexes.

Chacune de ces méthodologies offre des moyens spécifiques d'explorer et de comprendre le vaste univers des données financières. Leur utilisation conjointe dans une approche multidisciplinaire peut fournir un tableau beaucoup plus complet et nuancé des dynamiques financières à l'œuvre, qu'il s'agisse de sécurité nationale, de réglementation financière ou d'enjeux éthiques.

IV. Applications Pratiques du FININT

Le FININT ne se contente pas d'être une activité théorique ; ses applications dans le monde réel sont multiples et ont un impact significatif sur la société. Voici quelques-unes des utilisations les plus pertinentes du renseignement financier.

Lutte contre le Financement du Terrorisme

L'un des domaines d'application les plus cruciaux du FININT est la lutte contre le financement du terrorisme. En suivant la trajectoire des flux financiers, il est possible de détecter des schémas qui sont

191

typiques du financement d'activités terroristes. Cela peut aller du suivi de transactions en espèces à grande échelle à l'identification de contributions cryptées en cryptomonnaies.

Détecteur de la Fraude et Évasion Fiscale

Le FININT joue également un rôle vital dans la détection de la fraude et de l'évasion fiscale. En analysant les relevés bancaires, les déclarations fiscales et d'autres documents financiers, il est possible de repérer des irrégularités qui suggèrent des comportements frauduleux. Ces outils sont essentiels pour les agences fiscales, permettant une meilleure collecte de recettes et une application plus équitable de la loi.

Réglementation Financière et Sanctions Économiques

Les institutions financières sont de plus en plus réglementées afin de prévenir des crises économiques et de maintenir la confiance du public. Le FININT est utilisé pour surveiller la conformité avec ces réglementations, mais également pour identifier les cibles potentielles pour des sanctions économiques, qu'il s'agisse d'individus, d'entreprises ou même de nations entières.

Surveillance des Marchés Financiers

Dans un monde où les marchés financiers sont extrêmement interconnectés, le FININT est devenu essentiel pour surveiller la santé et la stabilité du système financier global. En analysant des données massives provenant de diverses transactions et activités de marché, il est possible de détecter des signes précoces de manipulation de marché, de fraude ou même de crises financières imminentes.

Chacun de ces domaines représente une facette de la manière dont le FININT peut servir à améliorer la sécurité, l'éthique et l'efficacité des systèmes financiers modernes. Alors que les défis évoluent avec la technologie et les schémas sociaux, l'importance du FININT dans la navigation de ces eaux complexes ne peut être sous-estimée.

V. Enjeux Éthiques et Légaux

Alors que le FININT présente de nombreux avantages en termes de sécurité et de réglementation financière, il n'est pas sans soulever des questions éthiques et légales. Voici quelques-unes des préoccupations les plus pressantes dans ce domaine.

Vie Privée et Collecte de Données

L'un des problèmes les plus sensibles concerne la vie privée. La collecte de données financières, même dans un but louable comme la lutte contre le terrorisme ou la fraude, peut être très intrusive. Cela soulève des questions sur le droit des individus à la confidentialité de leurs transactions et de leurs informations financières.

Consentement et Transparence

Le consentement est un autre domaine d'intérêt éthique. Dans de nombreux cas, les données sont collectées et analysées sans le consentement explicite des personnes concernées. Cela peut être particulièrement problématique lorsque des techniques de big data sont utilisées pour combiner des ensembles de données disparates, créant des profils financiers détaillés sans que les individus en soient conscients. La transparence sur la manière dont ces données sont utilisées et sécurisées est donc cruciale.

Le paysage réglementaire du FININT varie considérablement d'un pays à l'autre et est en constante évolution. De nombreux pays ont des lois strictes concernant la collecte et l'utilisation de données financières, mais l'application peut être inégale, surtout à l'échelle internationale. Le manque d'uniformité dans les réglementations crée des défis pour les agences de renseignement et les institutions financières qui opèrent sur plusieurs juridictions.

Chacun de ces enjeux représente un défi à surmonter pour les praticiens du FININT. Alors que les avantages de ce type de renseignement sont indéniables, une réflexion sérieuse et continue est nécessaire pour équilibrer efficacité et éthique dans son application.

VI. Limitations et Défis du FININT

Bien que le FININT soit un outil extrêmement puissant pour la collecte de renseignements, il comporte également des limitations et des défis qui doivent être pris en compte pour son utilisation optimale.

Problèmes de Traçabilité et de Dissimulation

L'une des premières limitations concerne la traçabilité des transactions financières. Avec l'essor des cryptomonnaies et d'autres formes de transactions numériques non régulées, il devient de plus en plus difficile de suivre le flux d'argent illicite. Les méthodes de dissimulation deviennent plus sophistiquées, nécessitant des outils et des compétences d'analyse encore plus avancés pour déceler les activités suspectes.

Questions de Juridiction et de Coopération Internationale

Le FININT ne se limite pas aux frontières d'un pays. Les transactions financières, surtout dans notre monde globalisé, sont souvent internationales. Cela soulève des questions complexes de juridiction et exige une coopération internationale étroite. La divergence des lois et des réglementations entre différents pays peut créer des obstacles majeurs à une enquête ou à une action efficace.

Complexités du Traitement des Gros Volumes de Données

L'avènement du big data a certes révolutionné le FININT, mais il a également introduit un nouveau niveau de complexité. Le traitement, l'analyse et la sécurisation de vastes ensembles de données requièrent des ressources considérables en termes de temps, de compétences et d'infrastructure technologique. Cela peut être particulièrement problématique pour les petites organisations ou les agences avec des budgets limités.

En somme, le FININT est un domaine à la fois puissant et complexe. Pour maximiser son potentiel tout en minimisant ses risques, il est impératif de comprendre et de naviguer adroitement dans ces divers défis et limitations.

VII. Perspectives Futures

Le domaine du FININT est en constante évolution, façonné par les avancées technologiques, les changements réglementaires et les besoins croissants en compétences spécialisées. Cette section explore ces différentes dimensions qui dessinent l'avenir du FININT.

Impact des Technologies Émergentes sur le FININT

Les technologies comme la blockchain, le machine learning et l'intelligence artificielle vont probablement jouer un rôle croissant dans le développement du FININT. Par exemple, la blockchain pourrait améliorer la traçabilité et la transparence des transactions financières, tandis que l'IA et le machine learning pourraient permettre l'automatisation de l'analyse des données, rendant le processus plus rapide et plus précis.

L'Évolution des Réglementations et leur Impact

Avec l'augmentation des transactions financières en ligne et le développement des cryptomonnaies, il est probable que de nouvelles réglementations seront introduites à l'échelle nationale et internationale. Ces réglementations pourraient soit faciliter la collecte de renseignements financiers, soit imposer des restrictions supplémentaires sur ce qui peut être collecté et comment. La flexibilité et l'adaptabilité seront donc des compétences clés pour les analystes de FININT à l'avenir.

Les analystes de FININT devront non seulement comprendre les mécanismes financiers et les outils d'analyse de données, mais ils devront également être à jour avec les dernières technologies et réglementations. Cela nécessitera une formation continue et la capacité à apprendre rapidement. L'accent sera également mis sur des compétences comme la pensée critique, la résolution de problèmes et la communication efficace pour interpréter et transmettre les implications des analyses.

En conclusion, le FININT est un domaine en rapide mutation qui offre des opportunités et des défis en abondance. Pour rester compétitif et efficace, il sera essentiel de suivre les avancées technologiques, de comprendre les implications des changements réglementaires, et de continuer à investir dans le développement des compétences.

Conclusion

Ce chapitre a exploré en profondeur le domaine du FININT, ou "Financial Intelligence", un outil devenu indispensable dans le monde du renseignement. Nous avons examiné les diverses sources utilisées en FININT, y compris les relevés bancaires, les rapports financiers publics, les déclarations fiscales et les cryptomonnaies. L'impact de technologies comme le machine learning, le big data, et divers logiciels de conformité financière a également été souligné.

Les méthodologies d'analyse en FININT sont diverses et comprennent le suivi des flux de capitaux, l'identification des activités suspectes, l'analyse des modèles économiques et l'étude des réseaux financiers. Les applications pratiques vont de la lutte contre le financement du terrorisme à la réglementation financière, en passant par la détection de la fraude et la surveillance des marchés financiers.

Néanmoins, le FININT n'est pas sans défis. Les questions éthiques autour de la vie privée, du consentement et de la réglementation sont de plus en plus pressantes. De plus, des limitations techniques et des défis tels que la traçabilité des transactions, la coopération internationale et le traitement des gros volumes de données continuent d'évoluer.

L'avenir du FININT sera marqué par l'impact des technologies émergentes, l'évolution des réglementations, et des besoins en compétences et formation en constante mutation pour les analystes du domaine.

En résumé, le FININT demeure un élément crucial du paysage du renseignement moderne, offrant des outils essentiels pour la compréhension des dynamiques financières à l'échelle globale. Son rôle est d'autant plus important dans un monde où les transactions financières sont de plus en plus complexes et numérisées. La nécessité de comprendre, d'analyser et de naviguer dans cet environnement complexe fera du FININT une discipline de plus en plus incontournable dans les années à venir.

Chapitre 10 : TECHINT

Dans ce chapitre nous allons voir le TECHINT: Renseignement lié aux techniques d'analyse des armes et des équipements.

Introduction

Le renseignement technique, ou TECHINT, est une discipline clé pour comprendre les capacités militaires et stratégiques d'une nation adverse. Il s'agit d'analyser les armes, les équipements et les technologies employées par les forces armées étrangères, mais aussi de prendre en compte les conditions environnementales qui pourraient affecter leur utilisation. Cette forme de renseignement est cruciale pour évaluer non seulement la puissance de feu d'un adversaire, mais aussi ses compétences en matière d'innovation et d'adaptation.

Le TECHINT est souvent recueilli à partir d'une variété de sources, incluant les rapports d'experts, les images satellitaires, les données recueillies lors des conflits ou même les objets et équipements capturés. Ces données sont ensuite analysées pour en déduire des informations sur les caractéristiques techniques, la performance, la méthode de fabrication, et les potentiels points faibles des équipements examinés.

Dans une ère où la technologie évolue à un rythme effréné, le TECHINT est plus important que jamais. Il ne s'agit plus seulement d'étudier les chars d'assaut et les avions de chasse, mais aussi les drones, les systèmes cybers, les technologies de brouillage et même les armes non conventionnelles.

Ce chapitre plongera en profondeur dans le monde fascinant du

TECHINT, explorant ses méthodologies, ses domaines d'application et les défis posés par les avancées technologiques rapides. Nous aborderons également l'impact des conditions environnementales sur l'utilisation des armements, un facteur souvent négligé mais crucial pour une analyse complète.

I. Les Sources du TECHINT

Rapports d'experts et analyses techniques

Le TECHINT commence souvent par la collecte de rapports d'experts et d'analyses techniques. Ces documents peuvent être issus de différentes organisations, comme les institutions de recherche, les agences gouvernementales ou même des entreprises privées spécialisées dans la défense et la sécurité. Ces rapports offrent des évaluations détaillées sur les caractéristiques, les performances et les limites des divers équipements et technologies militaires.

Images satellitaires et reconnaissance aérienne

Les images satellitaires et la reconnaissance aérienne constituent une source inestimable pour le TECHINT. Elles permettent non seulement d'identifier la localisation des équipements adverses, mais aussi d'évaluer leur nombre, leur disposition et parfois même leur état de fonctionnement. Les technologies de pointe en imagerie permettent aujourd'hui des analyses très fines, y compris la détection de détails qui étaient auparavant imperceptibles.

Les conflits armés, bien que regrettables, offrent une occasion unique de collecter des données de première main sur les capacités et les faiblesses de l'adversaire. Les informations recueillies sur le terrain, que ce soit par des capteurs, des observateurs humains ou des moyens électroniques, sont extrêmement précieuses pour l'analyse technique. Ces données peuvent inclure des évaluations du rendement des armements, des enregistrements audiovisuels et même des échantillons de matériaux.

Une des sources les plus directes de TECHINT provient des objets et équipements capturés sur le terrain. Ces éléments peuvent être étudiés en détail pour en comprendre les composants, la méthode de fabrication et les caractéristiques de performance. L'analyse de ces objets peut également révéler des informations sur les capacités logistiques et industrielles de l'adversaire, ainsi que sur ses méthodes de formation et ses tactiques.

La richesse des sources de TECHINT permet une analyse multidimensionnelle qui va bien au-delà de la simple évaluation des capacités militaires. Elle offre un éclairage sur l'état de la science et de la technologie de l'adversaire, ainsi que sur sa capacité à s'adapter et à innover.

205

II. Technologies Utilisées dans le TECHINT

Outils de modélisation et simulation

La modélisation et la simulation jouent un rôle essentiel dans le TECHINT. Ces outils permettent de créer des environnements virtuels où il est possible de tester les performances et les limites des équipements et technologies adverses sans avoir à les manipuler physiquement. Cela offre également la possibilité d'anticiper l'impact de divers scénarios tactiques ou environnementaux sur l'utilisation de ces équipements. Les logiciels de simulation avancés peuvent même intégrer des variables comme le climat, le terrain et les conditions humaines pour fournir des analyses plus complètes.

Systèmes de reconnaissance et capteurs avancés

L'évolution rapide des technologies de capteurs a considérablement augmenté les capacités de reconnaissance. Des capteurs hyper-spectraux aux radars à synthèse d'ouverture, ces technologies de pointe fournissent une richesse de données qui dépasse largement ce que les méthodes traditionnelles peuvent offrir. Ces systèmes permettent une surveillance en temps réel, la détection de mouvements, et même la capacité de "voir" à travers des obstacles, comme des murs ou de la végétation dense.

Intelligence artificielle pour l'analyse de données

L'intelligence artificielle (IA) est devenue un outil incontournable pour le traitement et l'analyse des données en TECHINT. Les algorithmes de machine learning peuvent trier et analyser rapidement des volumes massifs de données, en identifiant des schémas et des tendances qui seraient trop complexes pour une analyse humaine. L'IA peut également être utilisée pour l'analyse prédictive, permettant d'anticiper les mouvements ou les développements technologiques de l'adversaire avant qu'ils ne se produisent.

Plateformes collaboratives pour le partage d'informations

Le caractère multidisciplinaire et souvent international du TECHINT nécessite des plateformes collaboratives efficaces pour le partage d'informations. Ces plateformes permettent aux analystes, aux experts techniques et aux décideurs de collaborer en temps réel, indépendamment de leur emplacement géographique. Elles facilitent également l'intégration de diverses sources de données et d'expertise, ce qui renforce la qualité et la fiabilité de l'analyse.

L'utilisation judicieuse de ces technologies permet non seulement de recueillir des données plus précises, mais aussi de les analyser de manière plus efficace et détaillée. Le rôle des technologies dans le TECHINT est donc crucial pour maintenir un avantage compétitif dans le paysage du renseignement moderne.

III. Méthodologies d'Analyse en TECHINT

Évaluation des caractéristiques techniques et de la performance

L'évaluation des caractéristiques techniques constitue souvent le premier niveau d'analyse en TECHINT. Cette étape implique l'étude détaillée des spécifications des équipements, comme la vitesse, la portée, la puissance, et d'autres variables clés qui définissent leur performance. Des tests en environnement contrôlé ou des simulations peuvent être utilisés pour valider ces informations. L'objectif est de comprendre non seulement les capacités individuelles de chaque composant, mais aussi comment ils fonctionnent en tandem dans un système intégré.

Analyse des méthodes de fabrication et des matériaux

La compréhension des méthodes de fabrication et des matériaux utilisés peut fournir des indications précieuses sur la sophistication technologique de l'adversaire. Par exemple, l'utilisation de matériaux composites avancés peut indiquer un niveau élevé de compétence en ingénierie, tandis que des méthodes de fabrication obsolètes peuvent révéler des faiblesses potentielles. Cette analyse peut également fournir des informations sur les points de défaillance probables, la durabilité et les coûts de production, qui sont tous des éléments cruciaux pour évaluer la menace globale.

Identification des potentiels points faibles

L'un des objectifs primaires du TECHINT est de trouver des vulnérabilités dans les équipements et technologies adverses. Cela peut être fait par l'analyse des données recueillies, la simulation de scénarios d'attaque et l'étude des rapports de défaillance historiques. Les points faibles identifiés peuvent aller de la fragilité structurelle à des failles dans les systèmes électroniques ou logiciels. Cette information est vitale pour la planification stratégique et l'élaboration de contre-mesures efficaces.

Les conditions environnementales peuvent avoir un impact significatif sur l'efficacité des équipements et technologies militaires. Par exemple, des conditions extrêmes de température ou d'humidité peuvent affecter la performance des munitions, des véhicules et des systèmes électroniques. Par conséquent, une analyse environnementale doit être intégrée dans l'évaluation globale de la capacité technique d'un adversaire. Cela inclut également la modélisation des scénarios environnementaux et leur intégration dans les simulations pour obtenir une image complète des capacités et des limites de l'équipement étudié.

En somme, l'analyse en TECHINT est une entreprise multidimensionnelle qui nécessite une approche méthodologique rigoureuse. Elle doit prendre en compte les caractéristiques techniques, les méthodes de fabrication, les vulnérabilités potentielles et l'impact environnemental pour fournir une évaluation complète et nuancée des capacités de l'adversaire.

IV. Applications Pratiques du TECHINT

Évaluation des capacités militaires d'un adversaire

L'une des applications les plus directes du TECHINT est l'évaluation des capacités militaires d'une force adverse. Cela permet non seulement d'évaluer la menace potentielle, mais aussi d'anticiper les mouvements et stratégies de l'ennemi. Grâce au TECHINT, les décideurs peuvent mieux comprendre le niveau de sophistication des technologies ennemies, des armes aux systèmes de communication, ce qui est essentiel pour la préparation et la réponse en cas de conflit.

Développement et amélioration de technologies propres
Le TECHINT ne sert pas seulement à évaluer les technologies adverses, il peut également être un outil précieux pour améliorer ses propres systèmes. En étudiant les avantages et les inconvénients des technologies ennemies, il est possible de découvrir des moyens d'innover et d'améliorer les équipements et systèmes domestiques. Cette boucle de rétroaction peut conduire à des avancées technologiques significatives et conférer un avantage compétitif.

Planification stratégique et tactique
L'analyse TECHINT peut influencer de manière significative la planification stratégique et tactique. En connaissant les capacités et les faiblesses de l'adversaire, les commandants peuvent adapter leurs tactiques en conséquence. Par exemple, si l'analyse TECHINT révèle que l'ennemi a un système anti-aérien avancé, cela pourrait conduire à une révision des stratégies d'attaque aérienne. De même, la connaissance des technologies de brouillage ennemies peut influencer les choix en matière de communication et de navigation.

Détection et contre-mesures des technologies de brouillage
Dans le paysage technologique moderne, les technologies de brouillage et de contre-mesures électroniques jouent un rôle crucial. Le TECHINT peut aider à identifier ces technologies, à comprendre leur fonctionnement et à développer des moyens

efficaces pour les contrer. Cela peut inclure tout, de la création de systèmes de communication résilients aux perturbations, à la mise au point de technologies qui peuvent détecter et neutraliser les systèmes de brouillage ennemis.

Le TECHINT a donc un large éventail d'applications pratiques qui vont bien au-delà de la simple collecte de données. Il est au cœur de l'évaluation des capacités militaires, du développement technologique, de la planification stratégique et de la défense contre les technologies de brouillage. Chaque aspect contribue à un effort coordonné pour comprendre, préparer et, si nécessaire, contrer les capacités technologiques d'un adversaire.

V. Enjeux Éthiques et Légaux

Questions de cybersécurité et de confidentialité

L'une des préoccupations majeures dans le domaine du TECHINT est celle de la cybersécurité et de la confidentialité. La collecte et l'analyse de données sensibles sur les capacités militaires et technologiques de pays étrangers soulèvent d'importants dilemmes éthiques. La sécurisation de ces données est cruciale, car toute fuite ou compromission peut avoir des conséquences graves, y compris des risques pour la sécurité nationale. Il est donc essentiel d'établir des protocoles stricts pour la gestion et le stockage des données.

L'acquisition de données et d'informations techniques doit être effectuée de manière responsable. Cela implique de s'assurer que les méthodes de collecte respectent les normes éthiques et légales, notamment en ce qui concerne le respect des droits de l'homme et des conventions internationales. De plus, l'utilisation des technologies doit être faite de manière à minimiser les dommages collatéraux, en particulier lors de l'application militaire de ces renseignements. Une réflexion éthique rigoureuse doit donc accompagner toutes les étapes de l'exploitation du TECHINT.

Le TECHINT est également soumis aux différentes règles du droit international, notamment celles liées au contrôle des armements et aux conflits armés. Le respect de ces conventions est primordial, non seulement pour des raisons éthiques mais aussi pour maintenir une certaine légitimité sur la scène internationale. Ignorer ces règles peut entraîner des sanctions et affecter la réputation d'un pays, ce qui pourrait compromettre les efforts de renseignement futurs.

La prise en compte des enjeux éthiques et légaux est incontournable dans le domaine du TECHINT. Ces questions ne sont pas seulement des contraintes mais des éléments qui peuvent influencer la qualité, l'efficacité et la légitimité des opérations de renseignement technique. C'est pourquoi une approche équilibrée, qui tient compte à la fois des impératifs de sécurité et des normes éthiques et légales, est indispensable pour le succès à long terme des initiatives de TECHINT.

VI. Limitations et Défis du TECHINT

Rapidité de l'évolution technologique

L'un des défis les plus imposants dans le domaine du TECHINT est la rapidité avec laquelle les technologies évoluent. Cette évolution constante impose une mise à jour fréquente des compétences, des méthodes et des outils utilisés pour l'analyse et l'évaluation. La péremption des données peut survenir très rapidement, rendant des analyses qui étaient valables il y a quelques mois obsolètes et potentiellement trompeuses. De ce fait, une veille technologique constante et une adaptation rapide sont indispensables pour maintenir un avantage compétitif.

Problèmes de véracité et de fiabilité des données

La qualité des informations recueillies est un autre défi de taille. Les données peuvent souvent être incomplètes, trompeuses ou même délibérément faussées. Par exemple, des images satellitaires pourraient être altérées ou des équipements capturés pourraient être des leurres. Il est donc crucial de croiser les données provenant de diverses sources et d'utiliser des méthodologies rigoureuses pour assurer leur véracité et leur fiabilité.

Complexité croissante des systèmes d'armement

La sophistication croissante des systèmes d'armement, y compris l'incorporation de technologies de pointe comme l'intelligence artificielle, pose également un défi significatif. Ces systèmes complexes requièrent une expertise multidisciplinaire pour être correctement analysés. Les implications stratégiques d'une mauvaise compréhension ou d'une sous-estimation des capacités d'un système d'armement peuvent être catastrophiques. De plus, l'interaction entre différents types de technologies (par exemple, les armes cybers et les systèmes de drones) ajoute une couche supplémentaire de complexité à l'analyse.

Ces défis et limitations mettent en évidence la nécessité d'une approche multifacette et évolutive dans le domaine du TECHINT. Ils soulignent également l'importance d'investir dans la recherche, la formation et les outils nécessaires pour surmonter ces obstacles et maintenir un haut niveau de compétence en matière de renseignement technique.

VII. Perspectives Futures

Impact des technologies émergentes comme l'IA et l'IoT

Le paysage du renseignement technique est en constante évolution, particulièrement avec l'apparition de nouvelles technologies. L'intelligence artificielle, par exemple, offre des possibilités sans précédent pour l'analyse de données complexes à grande échelle. Quant à l'Internet des objets (IoT), il pourrait permettre une collecte de données beaucoup plus exhaustive, depuis les capteurs sur le champ de bataille jusqu'aux appareils de consommation. Chacune de ces technologies présente des opportunités, mais aussi des défis en termes de sécurité et de gestion des données.

Avec la complexification du domaine, les besoins en compétences spécialisées vont inévitablement augmenter. Les analystes du futur devront non seulement être experts en matière de technologie militaire, mais aussi compétents dans des domaines tels que la cybersécurité, l'analyse de données et même l'éthique de la technologie. Des programmes de formation continus, des certifications spécialisées et une sensibilisation aux implications éthiques seront essentiels pour maintenir un niveau élevé de compétence.

Évolutions potentielles des méthodologies d'analyse

Comme les technologies et les systèmes d'armement deviennent plus complexes, les méthodologies d'analyse vont probablement évoluer pour s'adapter à cette complexité. Les approches traditionnelles pourraient être complétées, ou même remplacées, par des modèles d'analyse basés sur des algorithmes complexes ou des simulations en temps réel. De plus, l'interdisciplinarité sera probablement la norme plutôt que l'exception, nécessitant des équipes d'analystes avec des expertises diverses pour une évaluation complète.

L'avènement de nouvelles technologies et la complexification du paysage du renseignement technique présentent à la fois des défis et des opportunités. Une chose est claire : pour rester pertinent, le domaine du TECHINT devra évoluer et s'adapter continuellement, ce qui exigera un investissement significatif dans les compétences, les technologies et les méthodologies d'analyse.

Conclusion

Résumé des points clés du chapitre

Ce chapitre a exploré en profondeur les divers aspects du renseignement technique, ou TECHINT. Depuis les sources variées d'information telles que les rapports d'experts, les images satellitaires et les équipements capturés, jusqu'aux technologies avancées comme l'intelligence artificielle et les systèmes de reconnaissance. Nous avons également abordé les méthodologies d'analyse, les applications pratiques et les enjeux éthiques et légaux du TECHINT, sans oublier les défis et les limitations inhérents à cette discipline.

Importance accrue du TECHINT dans un monde de plus en plus technologique

À l'ère où la technologie évolue à une vitesse fulgurante, le rôle du TECHINT devient de plus en plus vital. Il ne s'agit plus simplement d'évaluer les capacités militaires traditionnelles d'un adversaire; l'analyse doit aussi s'étendre à des domaines comme les systèmes cybernétiques, les technologies de brouillage et même les armes non conventionnelles. Dans ce contexte, le TECHINT est plus pertinent que jamais pour évaluer les compétences et les capacités d'un adversaire, mais aussi pour développer et améliorer ses propres technologies.

Nécessité de considérer les facteurs environnementaux dans l'analyse

Un autre point souvent négligé mais crucial pour une analyse complète est l'impact des conditions environnementales sur l'utilisation des équipements. Les facteurs comme le climat, la géographie et même les infrastructures locales peuvent grandement affecter la performance des technologies et doivent donc être intégrés dans l'analyse de TECHINT.

En résumé, le TECHINT est un élément crucial du renseignement moderne, dont l'importance ne peut qu'augmenter dans un monde de plus en plus technologique. Pour maintenir sa pertinence, cette discipline doit continuer à évoluer, en intégrant des avancées technologiques et en tenant compte de l'ensemble des facteurs, y compris environnementaux, qui affectent les capacités militaires et stratégiques.

Chapitre 11 : MEDINT

Dans ce chapitre nous allons voir le MEDINT (Medical intelligence) : analyse de dossiers médicaux et/ou examens physiologiques réels pour déterminer l'état de santé et/ou affections particulières et conditions allergiques à prendre en considération.

Introduction

Le renseignement médical, communément appelé MEDINT, est une branche spécialisée du renseignement qui se concentre sur l'analyse des dossiers médicaux et des examens physiologiques. Le but est de déterminer l'état de santé général, les maladies particulières et les conditions allergiques qui peuvent avoir une influence sur une situation donnée. Bien que ce type de renseignement puisse sembler éloigné des préoccupations habituelles en matière de sécurité nationale, il est en réalité extrêmement pertinent, surtout dans le contexte de conflits armés, de pandémies ou d'événements à large échelle.

L'analyse MEDINT peut aider à comprendre les conditions de santé prévalentes dans une population ou au sein de forces armées adverses, à prévoir la propagation de maladies infectieuses, ou même à identifier les vulnérabilités potentielles qui pourraient être exploitées. De plus, dans le cadre de missions humanitaires, le MEDINT peut aider à mieux comprendre les besoins sanitaires d'une population afin d'optimiser l'aide fournie.

Avec l'essor des technologies de la santé, le champ d'action du MEDINT s'étend également à la télémédecine, la bio-informatique et d'autres domaines où les données médicales sont de plus en plus numérisées et accessibles.

I. Les Sources du MEDINT

Le MEDINT, ou renseignement médical, repose sur une diversité de sources pour collecter les données nécessaires à son analyse. Ces sources peuvent varier en fonction du contexte, qu'il s'agisse de surveillance de la santé publique, de conflits armés, ou de missions humanitaires. Voici quelques-unes des principales sources de données en MEDINT :

Dossiers Médicaux Électroniques

Les dossiers médicaux électroniques sont une source primordiale pour le MEDINT. Ils contiennent des informations détaillées sur l'état de santé d'un individu, y compris des antécédents médicaux, des résultats de tests, des prescriptions et des plans de traitement. Ces dossiers permettent d'analyser des tendances à l'échelle d'une population et peuvent être cruciaux pour identifier des vulnérabilités ou des menaces spécifiques.

Bases de Données Épidémiologiques

Ces bases de données fournissent des informations sur la prévalence, la distribution et les déterminants des maladies au sein de différentes populations. Elles sont particulièrement utiles pour comprendre les tendances des maladies infectieuses, ce qui est crucial en cas de pandémie ou d'épidémies localisées.

Examens Physiologiques et Diagnostics

Les examens médicaux et les diagnostics offrent des données plus ciblées et spécifiques sur l'état de santé d'un individu ou d'un groupe. Ces données peuvent inclure des tests sanguins, des radiographies, et d'autres formes d'examens médicaux. Dans un contexte militaire, par exemple, ces données pourraient aider à évaluer la condition physique et la résilience des troupes.

Entretiens et Enquêtes sur le Terrain

Les entretiens et enquêtes sur le terrain complètent les données plus formelles en fournissant un contexte social et comportemental. Par exemple, des entretiens avec des individus ou des groupes spécifiques pourraient révéler des pratiques culturelles ou des croyances qui ont un impact sur la santé. Dans le cadre de missions humanitaires, ces entretiens peuvent aider à comprendre les besoins sanitaires d'une population et à optimiser l'efficacité des interventions.

En somme, les sources de MEDINT sont variées et complémentaires. Elles permettent d'obtenir une vue d'ensemble de l'état de santé d'une population ou d'un groupe ciblé, et sont indispensables pour planifier des stratégies efficaces en matière de santé et de sécurité.

II. Technologies Utilisées dans le MEDINT

Avec l'avancement rapide de la technologie, le champ d'application du MEDINT s'est considérablement élargi. Voici quelques-unes des technologies clés utilisées dans le domaine du renseignement médical :

Les systèmes de gestion des dossiers médicaux électroniques (DME) jouent un rôle central dans le MEDINT. Ces systèmes permettent la collecte, le stockage et la gestion sécurisée d'informations médicales sur les patients. Ils offrent également des fonctionnalités de recherche avancée et de filtrage, ce qui facilite l'analyse de grands volumes de données.

La bio-informatique est un domaine interdisciplinaire qui utilise des méthodes informatiques pour analyser des données biologiques. Dans le contexte du MEDINT, des outils de bio-informatique peuvent être utilisés pour analyser des données génomiques, des marqueurs biologiques, ou même des modèles épidémiologiques. Cela peut aider à identifier des vulnérabilités spécifiques ou des tendances de santé dans une population donnée.

La télémédecine utilise des technologies de communication pour fournir des soins médicaux à distance. Dans le domaine du MEDINT, les plateformes de télémédecine peuvent être utilisées pour recueillir des données médicales en temps réel, ce qui est particulièrement utile dans des zones éloignées ou en situation de conflit où l'accès à des soins médicaux est limité.

L'IA et le machine learning offrent des possibilités d'analyse de données à une échelle et avec une précision auparavant impossibles. Ces technologies peuvent être utilisées pour identifier des modèles complexes dans des données médicales, comme la prédiction de la propagation d'une maladie ou l'identification de facteurs de risque. Elles peuvent également aider à automatiser le processus d'analyse, ce qui permet aux analystes de MEDINT de se concentrer sur des tâches plus complexes.

Chacune de ces technologies apporte des avantages uniques à l'analyse MEDINT, permettant une compréhension plus profonde et plus nuancée des enjeux médicaux. Elles transforment non seulement la manière dont les données sont collectées, mais aussi comment elles sont analysées, interprétées et appliquées dans des contextes variés.

III. Méthodologies d'Analyse en MEDINT

Le renseignement médical est un domaine multidisciplinaire qui nécessite une variété de méthodes d'analyse pour extraire des informations significatives. Voici quelques-unes des méthodologies les plus couramment utilisées dans le MEDINT :

Analyse de l'État de Santé Général

L'état de santé général d'une population ou d'une unité militaire peut être évalué en utilisant des indicateurs comme l'espérance de vie, les taux de morbidité et de mortalité, et d'autres mesures sanitaires. Cette analyse peut inclure le recoupement de données provenant de diverses sources, telles que les dossiers médicaux, les enquêtes de santé publique et les rapports d'experts.

Une partie cruciale du MEDINT est l'identification des maladies et conditions qui sont prévalentes dans une population donnée. Cela peut être fait par l'analyse de bases de données épidémiologiques, d'examens médicaux et de diagnostics. Connaître les maladies prévalentes peut aider à comprendre les vulnérabilités potentielles et à anticiper les besoins médicaux futurs.

Avec l'augmentation des menaces de pandémies et de bioterrorisme, la prédiction de la propagation des maladies infectieuses est devenue un aspect essentiel du MEDINT. Des modèles mathématiques et statistiques sont souvent utilisés pour estimer comment une maladie pourrait se propager au sein d'une communauté ou entre différentes populations.

Dans le contexte de missions humanitaires, le MEDINT peut jouer un rôle crucial pour évaluer les besoins sanitaires d'une population affectée. Cela inclut l'évaluation des installations médicales disponibles, des ressources nécessaires pour traiter les maladies prévalentes, et de la capacité à répondre à des urgences médicales. Cette information peut ensuite être utilisée pour optimiser l'allocation des ressources et l'efficacité de l'intervention.

Chacune de ces méthodologies apporte des insights précieux qui peuvent avoir des implications directes sur la planification stratégique, la prise de décision et l'allocation des ressources. Combinées, elles offrent une vue d'ensemble complète de l'état de santé d'une population ou d'une unité militaire, ce qui est indispensable pour les opérations liées à la sécurité nationale ou aux missions humanitaires.

IV. Applications Pratiques du MEDINT

Le renseignement médical ne se limite pas à la collecte et à l'analyse des données; il a également de nombreuses applications pratiques qui sont cruciales dans divers contextes. Voici quelques-unes des applications les plus notables du MEDINT :

Surveillance de la Santé des Forces Armées

La santé et le bien-être des soldats sont essentiels à l'efficacité d'une force armée. Le MEDINT peut être utilisé pour surveiller la santé des troupes, identifier les problèmes médicaux potentiels avant qu'ils ne deviennent critiques et planifier des interventions préventives. Par exemple, les analyses MEDINT peuvent révéler des tendances comme l'augmentation des cas de maladies infectieuses au sein d'une unité, permettant une intervention rapide pour éviter une épidémie plus large.

Planification des Interventions Médicales en Cas de Pandémie

Les pandémies nécessitent une réponse rapide et coordonnée. Le MEDINT fournit des informations cruciales pour la planification et l'exécution d'interventions médicales en cas de crise de santé publique à grande échelle. Cela peut inclure la distribution de vaccins, la mise en place de centres de traitement et l'évaluation de l'efficacité des mesures de quarantaine.

227

Le MEDINT peut jouer un rôle vital dans la planification et l'exécution de missions humanitaires. Par exemple, en évaluant les besoins sanitaires d'une population touchée par un conflit ou une catastrophe naturelle, les organisations peuvent allouer des ressources plus efficacement, cibler les interventions médicales nécessaires et évaluer l'impact des actions entreprises.

Bien que moins évident, le MEDINT a également une valeur en matière de sécurité nationale. En comprenant les conditions de santé prévalentes au sein de forces armées adverses ou d'une population civile, un État peut identifier des vulnérabilités qui pourraient être exploitées dans des stratégies plus larges. Cela peut aller de la prise en compte des maladies endémiques dans la planification des opérations à l'identification de la susceptibilité à des agents biologiques.

Dans l'ensemble, le MEDINT est un outil polyvalent qui trouve des applications dans divers domaines, allant de la surveillance de la santé des troupes à la sécurité nationale. Sa valeur est de plus en plus reconnue, notamment en raison de l'évolution rapide des technologies de la santé qui permettent des analyses plus poussées et plus rapides.

V. Enjeux Éthiques et Légaux

L'utilisation du MEDINT, bien que bénéfique dans de nombreux aspects, soulève également des questions éthiques et légales importantes. Voici quelques-unes des considérations majeures dans ce domaine :

Confidentialité des Données Médicales

L'une des préoccupations les plus sensibles en matière de MEDINT est la confidentialité des données médicales. La collecte et l'analyse de telles données doivent être menées avec le plus grand soin pour garantir que les informations restent confidentielles. Le non-respect de cette confidentialité peut avoir des conséquences graves non seulement pour les individus concernés mais aussi pour la crédibilité et l'efficacité des organisations de renseignement.

Consentement Éclairé et Transparence

Dans certains cas, la collecte de données médicales peut nécessiter le consentement de l'individu concerné. Le concept de consentement éclairé est crucial ici. Les individus doivent être pleinement informés de la manière dont leurs données seront utilisées et des risques potentiels associés à cette utilisation. La transparence dans le processus de collecte et d'analyse est donc essentielle pour maintenir l'éthique du MEDINT.

Réglementations sur la Protection des Données

Au-delà des aspects éthiques, il existe également des considérations légales, notamment en ce qui concerne la réglementation sur la protection des données. Selon les juridictions, il peut y avoir des lois spécifiques qui régissent la manière dont les données médicales peuvent être recueillies, stockées et utilisées. Le non-respect de ces réglementations peut entraîner des sanctions juridiques et nuire à l'intégrité des opérations de renseignement.

En somme, alors que le MEDINT offre des capacités d'analyse puissantes et a de multiples applications pratiques, il est impératif de naviguer soigneusement dans le paysage éthique et légal. Le respect de la confidentialité, du consentement éclairé et des réglementations en vigueur n'est pas simplement une question de conformité légale, mais aussi un impératif éthique qui affecte la qualité et l'efficacité du renseignement médical.

VI. Limitations et Défis du MEDINT

Bien que le MEDINT soit une ressource précieuse pour les organisations de renseignement et autres entités qui l'utilisent, il présente également des défis et des limitations qui méritent une attention particulière. Voici quelques-unes des problématiques majeures :

Problèmes de Fiabilité et d'Exactitude des Données

Le MEDINT repose fortement sur la qualité des données collectées. Des données imprécises ou obsolètes peuvent conduire à des analyses erronées, avec des conséquences potentiellement graves. Par exemple, des diagnostics médicaux incorrects peuvent fausser l'évaluation de l'état de santé d'une force armée, affectant ainsi la prise de décision stratégique.

L'accès à des données médicales précises et détaillées peut souvent être limité en raison de questions de confidentialité ou de restrictions légales. Dans certains cas, la collecte de telles données peut être considérée comme une intrusion dans la vie privée, ce qui complique la tâche des analystes de MEDINT et peut entraîner des problèmes éthiques et légaux.

Complexité Croissante des Technologies de la Santé

Avec l'avancement rapide de la technologie médicale, y compris la télémédecine, la bio-informatique, et l'intelligence artificielle, le champ d'application du MEDINT devient de plus en plus complexe. Cette complexité pose des défis non seulement en termes de collecte de données, mais aussi d'analyse et d'interprétation. La nécessité de comprendre et de naviguer dans un environnement technologique en évolution rapide ajoute une couche supplémentaire de difficulté à l'analyse MEDINT.

En somme, bien que le MEDINT soit d'une valeur inestimable pour diverses applications, il présente aussi des défis considérables. Une approche minutieuse et équilibrée est donc nécessaire pour maximiser son efficacité tout en naviguant dans les limites imposées par les considérations éthiques, légales et technologiques.

VII. Perspectives Futures

Le paysage en constante évolution des technologies de l'information et de la santé offre un terrain fertile pour le développement futur du MEDINT. Voici quelques-unes des tendances et considérations qui façonneront probablement ce domaine à l'avenir :

Intégration de l'IA et d'autres Technologies Émergentes

L'intelligence artificielle (IA) et le machine learning continuent de révolutionner la manière dont les données médicales sont analysées et interprétées. L'intégration de ces technologies dans le MEDINT permettra une analyse plus rapide et plus précise, de l'identification des épidémies à la prédiction des besoins médicaux dans des zones de conflit. D'autres technologies émergentes, telles que la blockchain pour la sécurisation des dossiers médicaux, pourraient également jouer un rôle significatif.

Évolution des Réglementations et des Normes Éthiques

Avec la numérisation croissante des données médicales, les questions de confidentialité et de sécurité deviennent de plus en plus pertinentes. Les réglementations et les normes éthiques devront évoluer pour tenir compte des nouvelles capacités et des nouveaux défis posés par les technologies avancées, tout en protégeant les droits des individus et l'intégrité des données.

Besoins Futurs en Compétences et en Formation pour les Analystes de MEDINT

Avec l'adoption de technologies plus sophistiquées, le profil de compétences requis pour les analystes de MEDINT changera. Une compréhension plus approfondie des domaines tels que la bio-informatique, l'IA, et la cybersécurité sera nécessaire. Par conséquent, les programmes de formation et les cursus éducatifs devront s'adapter pour fournir les compétences nécessaires pour naviguer dans cet environnement complexe.

Le MEDINT est à la croisée de multiples disciplines, allant de la médecine à la technologie et à l'éthique. À mesure que ces domaines continuent d'évoluer, le MEDINT devra s'adapter et se transformer, offrant de nouvelles opportunités mais aussi présentant de nouveaux défis qui devront être abordés de manière proactive et éclairée.

Conclusion

Le renseignement médical, ou MEDINT, est un domaine en pleine expansion qui joue un rôle de plus en plus crucial dans divers contextes, notamment la sécurité nationale, la surveillance épidémiologique et les missions humanitaires. À travers des sources variées, telles que les dossiers médicaux électroniques et les bases de données épidémiologiques, le MEDINT permet d'effectuer des analyses approfondies sur l'état de santé général d'une population ou d'une force armée.

Les technologies jouent un rôle significatif dans ce domaine, avec des systèmes de gestion de dossiers médicaux, des outils de bio-informatique et des plateformes de télémédecine contribuant à l'efficacité de la collecte et de l'analyse de données. Cependant, le MEDINT n'est pas sans ses défis et enjeux, notamment en ce qui concerne la confidentialité des données, l'exactitude des informations et la complexité croissante des technologies.

Dans un futur proche, le MEDINT est susceptible de connaître des avancées significatives grâce à l'intégration de technologies émergentes comme l'intelligence artificielle et d'autres innovations dans le domaine de la santé. Ces avancées ouvriront de nouvelles possibilités d'analyse et de prédiction, mais nécessiteront également une évolution des compétences, des normes éthiques et des réglementations pour assurer une utilisation responsable et efficace des données et des technologies.

En somme, le MEDINT est un outil précieux et en constante évolution qui, bien utilisé, a le potentiel de transformer notre approche de la médecine, de la santé publique et de la sécurité globale. Sa montée en puissance est inévitable dans un monde de plus en plus numérisé et interconnecté, faisant de son étude et de son perfectionnement une priorité pour les années à venir.

Chapitre 12 : CYBINT

Dans ce chapitre nous allons voir le CYBINT (Cyber Intelligence): Renseignement lié à la cybersécurité.

Introduction

Le renseignement cybernétique, ou CYBINT, est l'une des disciplines les plus récentes mais aussi les plus pertinentes dans le monde moderne. Cette forme de renseignement se concentre sur l'analyse, la collecte et la dissémination d'informations liées à la cybersécurité. Le CYBINT vise à identifier, suivre et contrer les menaces cybernétiques en temps réel ou en différé, et englobe une multitude d'aspects, allant de la simple surveillance des cyberattaques jusqu'à des investigations plus approfondies sur les méthodes, les motivations et les identités derrière ces attaques.

L'environnement numérique en constante évolution a permis aux acteurs malveillants de développer des méthodes toujours plus sophistiquées pour atteindre leurs objectifs, qu'il s'agisse d'espionnage, de sabotage ou de cyberterrorisme. Par conséquent, le CYBINT est devenu indispensable non seulement pour les organisations gouvernementales, mais aussi pour les entreprises privées et même les particuliers.

L'éventail des sujets abordés dans ce chapitre sera large, car le domaine du CYBINT est multidisciplinaire par nature. Nous explorerons les différentes méthodes de collecte d'informations, les vecteurs d'attaque communs, l'importance de la veille cybernétique, ainsi que les dernières avancées technologiques qui aident à rendre le CYBINT plus efficace et précis.

Le CYBINT, ou renseignement cybernétique, est essentiellement alimenté par un ensemble diversifié de sources d'information. L'efficacité de l'analyse en CYBINT repose sur la qualité et la variabilité de ces données. Cette section examinera les principales sources d'information utilisées en CYBINT.

Logs et journaux d'activité réseau

Les logs et les journaux d'activité réseau constituent une source primaire d'information pour le CYBINT. Ces fichiers conservent un historique détaillé des activités et des transactions effectuées sur un réseau. Ils peuvent inclure des informations telles que les adresses IP des dispositifs connectés, les horodatages des activités et les types de données échangées. Analyser ces logs permet de détecter des schémas d'activité anormale ou suspecte, ce qui est crucial pour identifier et contrecarrer les menaces cybernétiques.

Données de capteurs et de sondes

Les capteurs et les sondes de réseau fournissent des données en temps réel sur le trafic réseau. Ils peuvent détecter et alerter les analystes de CYBINT en cas d'activités potentiellement malveillantes, telles que des tentatives d'intrusion ou des anomalies dans le trafic. Ces dispositifs peuvent être physiques ou virtuels et sont souvent intégrés dans des solutions plus complètes de gestion de la sécurité.

L'OSINT est une autre source d'information essentielle pour le CYBINT. Il s'agit de données collectées à partir de sources publiques telles que les forums en ligne, les médias sociaux, les sites web, et les bases de données ouvertes. L'OSINT peut fournir des informations précieuses sur les méthodes, les motivations, et les identités des cybercriminels. Il peut également aider à anticiper de nouvelles formes de cyberattaques en surveillant les discussions et les publications en rapport avec les failles de sécurité et les exploits.

Les forums spécialisés, les salles de chat, et les plateformes de réseaux sociaux sont souvent des lieux où les acteurs malveillants discutent, planifient et même vendent des outils et services liés au cybercrime. La surveillance de ces espaces permet aux analystes de CYBINT de recueillir des informations stratégiques sur les menaces imminentes ou en cours.

En somme, les sources de CYBINT sont diverses et en constante évolution, ce qui nécessite une adaptation continue des méthodologies et des outils pour collecter et analyser ces données de manière efficace.

II. Technologies Utilisées dans le CYBINT

Le paysage technologique du renseignement cybernétique est riche et en constante évolution. Les outils et les technologies disponibles visent à automatiser, améliorer et sécuriser le processus de collecte et d'analyse des données en CYBINT. Cette section met en lumière les technologies clés qui sont actuellement utilisées dans ce domaine.

Outils de collecte de données et d'analyse forensique

L'analyse forensique est cruciale pour comprendre les détails techniques des cyberattaques, des intrusions et d'autres activités malveillantes. Des outils spécialisés sont utilisés pour collecter des données d'une manière qui préserve leur intégrité pour une utilisation potentielle dans des enquêtes judiciaires. Ces outils peuvent récupérer des fichiers supprimés, analyser les mémoires, et même reconstruire des scénarios d'attaque.

Plateformes de gestion des menaces et de sécurité

Ces plateformes servent de hub central pour surveiller, signaler et contrôler les menaces en temps réel ou en différé. Elles intègrent souvent plusieurs fonctionnalités comme la surveillance du réseau, le pare-feu, la détection des intrusions et l'analyse comportementale. La sophistication de ces plateformes permet une réponse rapide et coordonnée face à des menaces de divers niveaux de complexité.

Intelligence artificielle pour la détection d'anomalies

L'intelligence artificielle (IA) et le machine learning jouent un rôle de plus en plus important dans le CYBINT. L'utilisation de ces technologies permet de traiter et d'analyser de grands volumes de données à une vitesse et avec une précision qui seraient impossibles pour un être humain. Par exemple, des algorithmes d'IA peuvent être formés pour détecter des anomalies dans le comportement du réseau ou les habitudes des utilisateurs, permettant ainsi de repérer rapidement des activités suspectes.

Ainsi, le CYBINT s'appuie sur un ensemble diversifié de technologies pour améliorer sa portée, sa précision et son efficacité. L'intégration continue de nouvelles technologies est vitale pour rester en phase avec un environnement cybernétique de plus en plus complexe et volatile.

III. Méthodologies d'Analyse en CYBINT

Le domaine du renseignement cybernétique exige une approche méthodologique rigoureuse et adaptative pour faire face à un paysage de menaces en constante évolution. Cette section examine les méthodologies clés qui sont couramment utilisées dans le CYBINT pour analyser et contrer les menaces cybernétiques.

Analyse comportementale et heuristique

L'analyse comportementale s'appuie sur l'étude des actions et des interactions au sein d'un système ou d'un réseau pour identifier des activités inhabituelles ou malveillantes. L'approche heuristique, quant à elle, utilise des règles et des algorithmes pour évaluer les comportements et les actions en fonction de critères préétablis. Ces deux méthodes permettent une détection proactive des menaces en identifiant des schémas d'actions qui sont atypiques ou correspondent à des profils d'attaques connues.

Corrélation d'événements de sécurité

Dans un environnement informatique complexe, de multiples événements de sécurité peuvent se produire en parallèle. La corrélation d'événements de sécurité vise à lier ces événements disparates pour déterminer s'ils font partie d'une attaque coordonnée ou d'une vulnérabilité exploitée. Des outils automatisés sont souvent utilisés pour cette tâche, permettant aux analystes de visualiser les relations entre différents événements et de prioriser leur réponse.

Analyse de code malveillant

Le but de cette analyse est de comprendre la fonction, le but et la méthodologie d'un logiciel malveillant. Cela implique souvent le désassemblage du code, l'analyse de son fonctionnement et la recherche de similarités avec d'autres logiciels malveillants connus. Cette connaissance approfondie permet non seulement de développer des contre-mesures spécifiques, mais aussi d'anticiper des variantes futures du même logiciel malveillant.

Évaluation des vulnérabilités et des risques

L'évaluation des vulnérabilités implique l'identification des faiblesses potentielles dans un système ou un réseau qui pourraient être exploitées pour mener une attaque. Cette évaluation est souvent couplée avec une analyse de risque pour déterminer l'impact potentiel d'une exploitation réussie de ces vulnérabilités. Ensemble, ces deux analyses forment la base pour la planification de mesures de sécurité et la priorisation des ressources.

La méthodologie en CYBINT est un mélange de techniques d'analyse traditionnelles et de méthodes rendues possibles grâce aux avancées technologiques. C'est cette combinaison qui permet aux analystes de CYBINT de naviguer dans un paysage de menaces en constante évolution et de fournir des évaluations et des réponses pertinentes.

IV. Applications Pratiques du CYBINT

Le CYBINT ne se limite pas à un rôle théorique ou académique ; ses applications dans le monde réel sont nombreuses et variées. Il joue un rôle crucial dans la protection des actifs numériques et physiques, l'anticipation des menaces émergentes et la prise de décisions informées. Voici quelques-unes des applications pratiques les plus courantes du CYBINT :

Détection et prévention des intrusions

L'une des applications les plus immédiates du CYBINT est la détection et la prévention des intrusions dans les systèmes et les réseaux. En utilisant des algorithmes sophistiqués pour surveiller les activités en temps réel, le CYBINT peut identifier des comportements suspects ou des anomalies qui signalent souvent une tentative d'intrusion. Des mesures préventives peuvent alors être prises pour contrer l'attaque avant qu'elle ne cause de dommages significatifs.

Gestion des incidents de sécurité

Lorsqu'une violation de sécurité se produit, une réponse rapide et efficace est cruciale pour minimiser les dommages. Le CYBINT fournit les outils nécessaires pour évaluer la gravité de l'incident, identifier les systèmes compromis et prendre des mesures correctives. Ceci permet une gestion plus efficace des incidents et aide à prévenir des attaques similaires à l'avenir.

Renseignement sur les menaces avancées et persistantes

Les menaces avancées et persistantes (APT) représentent un niveau élevé de risque en raison de leur nature ciblée et de leur sophistication. Le CYBINT permet d'analyser les méthodes, les motivations et les acteurs derrière ces attaques, fournissant ainsi des informations précieuses pour le développement de contre-mesures et de stratégies de défense adaptées.

Veille stratégique et tactique

Au-delà des aspects purement techniques, le CYBINT joue également un rôle dans la veille stratégique et tactique. En collectant et en analysant des informations sur les capacités, les intentions et les actions des adversaires, il aide les organisations à prendre des décisions éclairées en matière de politique de sécurité, de partenariats et d'investissements en matière de cybersécurité.

Le CYBINT est donc bien plus qu'un simple outil d'analyse ; c'est un élément essentiel de la stratégie de sécurité globale pour les organisations de toutes tailles. Il permet non seulement de répondre aux menaces actuelles, mais aussi de se préparer aux défis futurs dans un environnement numérique en constante évolution.

V. Enjeux Éthiques et Légaux

Le domaine du CYBINT, en raison de sa nature intrusive et de sa capacité à accéder à des informations sensibles, est lourd de responsabilités éthiques et légales. Le non-respect des règles dans ces domaines peut entraîner non seulement des sanctions légales, mais aussi une perte de confiance de la part des parties prenantes. Voici quelques-uns des enjeux les plus saillants :

Vie privée et surveillance

L'un des aspects les plus délicats du CYBINT est l'équilibre à trouver entre la nécessité de surveiller les menaces potentielles et le respect de la vie privée individuelle. La collecte de données sur les utilisateurs sans leur consentement peut constituer une violation de la vie privée, et il est donc essentiel que les opérations de CYBINT soient menées dans le strict respect des lois sur la protection des données et des droits fondamentaux.

Utilisation éthique des outils de hacking

L'emploi d'outils de hacking pour recueillir des informations peut être une pratique efficace mais controversée. Il est crucial que ces outils soient utilisés de manière éthique et proportionnée. Leur usage doit être strictement réservé à des situations où il n'existe pas d'alternatives moins intrusives et toujours dans le cadre de la loi.

Respect des législations internationales sur la cybercriminalité
Le CYBINT ne connaît pas de frontières et les informations peuvent être collectées à partir de n'importe quel point du globe. Il est donc impératif de se conformer aux législations internationales sur la cybercriminalité. Le non-respect de ces lois peut non seulement entraîner des sanctions, mais aussi compromettre les relations diplomatiques et la réputation de l'organisation.

Les enjeux éthiques et légaux du CYBINT sont complexes et en constante évolution. Il est donc impératif pour les analystes et les organisations de rester à jour sur les dernières réglementations et de suivre des lignes directrices éthiques strictes dans l'exercice de leurs fonctions. Ignorer ces aspects peut avoir des conséquences désastreuses, allant des sanctions juridiques à la perte de crédibilité et de confiance.

VI. Limitations et Défis du CYBINT

Alors que le CYBINT est un outil précieux dans le paysage moderne de la sécurité, il est loin d'être sans faille. Les analystes et les praticiens de cette discipline doivent naviguer à travers une série de défis et de limitations qui peuvent entraver leur efficacité. Parmi les plus notables, nous trouvons :

Les outils de CYBINT ne sont pas infaillibles et sont sujets à des erreurs telles que les faux positifs et les faux négatifs. Un faux positif, où le système identifie incorrectement une activité comme malveillante, peut entraîner des dépenses inutiles et détourner l'attention des véritables menaces. À l'inverse, un faux négatif, où une véritable menace passe inaperçue, peut avoir des conséquences catastrophiques.

La surveillance en temps réel des cybermenaces nécessite des ressources significatives, tant en termes de main-d'œuvre que de capacités de calcul. Le stockage et l'analyse des données en temps réel sont particulièrement gourmands en ressources et peuvent être hors de portée pour des organisations plus petites ou moins bien financées.

Le paysage des cybermenaces évolue à une vitesse vertigineuse. Les attaquants mettent constamment au point de nouvelles techniques, ce qui rend difficile de rester à jour et d'ajuster les systèmes de CYBINT en conséquence. Cette complexité croissante nécessite une veille technologique constante, ainsi qu'une mise à jour régulière des compétences et des méthodologies.

Ces défis ne rendent pas le CYBINT inutile, loin de là. Ils soulignent plutôt la nécessité pour cette discipline de continuer à évoluer et de s'adapter aux nouvelles réalités du paysage cybernétique. Une compréhension claire de ces limitations et défis peut aider les organisations à mieux préparer leur stratégie de CYBINT et à investir dans les technologies et les compétences qui amélioreront leur efficacité.

VII. Perspectives Futures

Le domaine du CYBINT est en constante évolution, à l'image du paysage cyber qu'il vise à sécuriser. Plusieurs tendances et innovations se dessinent à l'horizon, qui pourraient grandement influencer la pratique de cette discipline dans les années à venir.

Rôle croissant de l'IA et du machine learning

L'intelligence artificielle et le machine learning deviennent des éléments clés dans le développement des outils de CYBINT. Grâce à ces technologies, il est possible d'automatiser l'analyse de vastes ensembles de données, de détecter des anomalies en temps réel et de prédire des menaces potentielles avec une précision sans précédent. Cependant, l'utilisation de ces outils soulève également des questions d'éthique, notamment en ce qui concerne la vie privée et la fiabilité des algorithmes.

Cyber-résilience et adaptation aux nouvelles formes de menaces

Avec l'escalade des cyberattaques, la cyber-résilience devient une compétence fondamentale. Au-delà de la prévention et de la détection, il s'agit de développer des systèmes capables de résister et de se rétablir rapidement en cas d'attaque. Cette approche plus globale permettra de s'adapter aux nouvelles formes de menaces qui, inévitablement, émergeront avec le temps.

Comme le CYBINT implique souvent la collecte et l'analyse de données sensibles, il est soumis à un cadre réglementaire strict qui évolue constamment. Les organisations devront s'adapter à ces changements et s'assurer qu'elles respectent toutes les réglementations, qu'elles soient nationales ou internationales. Ceci est d'autant plus pertinent dans le contexte de la législation sur la protection des données et de la vie privée.

L'avenir du CYBINT est indissociable des avancées technologiques et des évolutions géopolitiques. Les praticiens et les organisations qui souhaitent rester à la pointe dans ce domaine devront non seulement investir dans les dernières technologies, mais aussi rester flexibles et prêts à s'adapter à un environnement en perpétuel changement.

Conclusion

Le renseignement cyber, ou CYBINT, a pris une place centrale dans le paysage de la sécurité moderne, tant pour les organisations gouvernementales que pour le secteur privé. La discipline englobe une large gamme de méthodologies, d'outils et de pratiques, allant de la collecte d'informations dans les journaux d'activité réseau jusqu'à l'utilisation de l'intelligence artificielle pour la détection d'anomalies.

Le CYBINT est indispensable pour identifier, suivre et contrer les cybermenaces en temps réel ou en différé. Avec l'évolution constante de l'environnement numérique, les méthodes de collecte et d'analyse se sont sophistiquées, incluant désormais des technologies comme l'IA, le machine learning et la blockchain. Cependant, la discipline n'est pas sans ses défis, notamment en ce qui concerne les questions éthiques et légales, la fiabilité des données et la complexité croissante des cybermenaces.

Discussion sur les Défis et Opportunités Futurs dans le Domaine du CYBINT

L'avenir du CYBINT présente à la fois des défis et des opportunités. D'un côté, la complexité croissante des cyberattaques et l'évolution rapide des technologies exigent des ressources et des compétences de plus en plus spécialisées. De l'autre, l'intégration de nouvelles technologies, comme l'IA et le machine learning, ouvre la voie à des méthodes d'analyse et de prévention encore plus efficaces. La cyber-résilience, l'adaptabilité et la conformité aux réglementations seront des éléments clés pour naviguer dans cet environnement en constante mutation.

En somme, le CYBINT est un domaine dynamique et multidisciplinaire qui nécessite une attention continue. Les organisations et les experts qui réussiront à s'adapter et à évoluer avec les nouvelles formes de menaces et les technologies émergentes seront mieux placés pour protéger leurs actifs et informations dans le cyberespace. Le CYBINT n'est donc pas seulement une nécessité actuelle, mais aussi un investissement crucial pour l'avenir.

Conclusion

En parcourant les pages de cet ouvrage, vous aurez exploré l'univers fascinant de l'Open Source Intelligence (OSINT) et de ses divers sous-domaines, tels que le MEDINT, le CYBINT et bien d'autres. L'objectif a été de fournir une fondation solide, couvrant les principes de base, pour permettre à tous, de naviguer dans ce monde complexe et en constante évolution.

Disclaimer

Il est important de noter que les méthodes, techniques et outils mentionnés dans ce livre sont présentés à des fins éducatives. L'utilisation de ces informations dans un contexte réel nécessite un strict respect des lois et réglementations en vigueur dans votre juridiction. L'auteur ne saurait être tenu responsable de toute utilisation abusive ou illégale des connaissances transmises.

Ce livre n'a pas la prétention d'être exhaustif. L'omission de certains sujets ou outils, comme Maltego par exemple, est délibérée et s'inscrit dans une démarche pédagogique visant à mettre l'accent sur les fondamentaux. Le domaine de l'OSINT est si vaste et dynamique qu'il serait impossible de le couvrir en totalité dans un seul volume. Cependant, cette publication offre un point de départ solide pour quiconque souhaite se lancer dans le monde de l'OSINT ou approfondir ses connaissances existantes.

À l'heure où les données et les informations jouent un rôle de plus en plus critique dans notre société, comprendre les enjeux de l'OSINT et être capable de l'exploiter de manière responsable et efficace sont des compétences inestimables. Le voyage ne s'arrête pas ici ; il ne fait que commencer.

Merci...